국민연금공단

필기시험 모의고사

[6급갑 심사직]

정답 및 해설

SEOWONGAK
(주)서원각

제1회 정답 및 해설

✎ **직업기초능력평가**

1 ③

제시문은 기분관리 이론을 주제로 하고 있다. 이는 사람들이 현재의 기분을 최적 상태로 유지하려 한다는 입장을 바탕으로 하고 있다. 흥분 수준이 낮을 때는 이를 높일 수 있는 수단을 선택하고 흥분 수준이 최적 상태보다 높을 때 이를 낮출 수 있는 수단을 선택한다고 본다.

여기서, 빈칸은 기분조정 이론이 음악 선택의 상황에 적용될 때 나타나는 결론을 찾는 것이다. 단서는 연구자 A의 실험을 통해 기분조정 이론의 내용을 파악할 수 있다. 집단 1은 최적 상태에서 다소 즐거운 음악을 선택했다. 반면 집단 2는 최적 상태보다 기분이 가라앉은 상태에서 과도하게 흥겨운 음악을 선택했다. 30분이 지난 뒤 다시 음악을 선택하는 상황에서 놀이기를 앞둔 집단 1의 선택에는 변화가 없었다. 반면에 과제하기를 앞둔 집단 2는 차분한 음악을 선택하는 쪽으로 변화가 나타났다.

실험 결과로부터 참가자가 기분이 가라앉았을 때는 흥분을 끌어올리기 위해 흥겨운 음악을 선택한다는 것을 도출할 수 있다. 또한, 과제를 해야 할 상황을 앞두고 과도하게 흥겨운 상태가 되자 이를 가라앉히기 위해 차분한 음악을 선택한다는 것을 알 수 있다. C 사원은 "사람들은 다음에 올 상황에 맞추어 현재의 기분을 조정하는 음악을 선택한다."고 했는데, 가장 적절하게 답하였다.

2 ②

㉠ 보도자료의 내용을 보면 산재보험의 보장률이 93.7%임이 나타나 있고, 이어서 산재보험 가입자가 병원을 이용할 때 지급하는 본인부담률이 6.3%임이 제시되어 있다. 따라서 보장성을 말하고 있는 것이다.

㉡ 근로복지공단은 산재보험의 보장성을 강화하기 위해 급여화를 추진했다. 급여화를 추진하기 위해서는 근거가 필요한 데, 이를 마련하기 위해서는 실태조사 추진이 가장 적절하다.

㉢ 보고서는 더 높은 보장률을 얻기 위해서는 비급여 영역으로 남겨진 치료재료와 의약품을 언급하며 급여화된 품목으로 전환시키는 노력이 필요함을 말하고 있다.

㉣ 지도(指導)란 '어떤 목적이나 방향으로 남을 가르쳐 이끈다'는 뜻으로 의료기관에서 급여제품을 사용할 수 있도록 지도해 과잉치료와 약물 남용을 막아야 하는 상황에 적절한 용어이다.

3 ①

공문서는 시행일자 뒤에 수신처에서 문서를 보존할 기간을 기입해야 하지만 행정기관이 아닌 경우에는 기재를 하지 않아도 된다. 참고로 보존기간의 표시로는 영구, 준영구, 10년, 5년, 3년, 1년 등을 사용한다.

4 ②

사회보험의 종류에는 공적연금, 건강보험, 산재보험, 고용(실업)보험, 노인장기요양보험 등이 있으며 공적연금은 다시 노령연금, 유족연금, 장애연금으로 구분된다.

5 ④

④ 기원 – 祈願

6 ④

기초연금의 본래 목적으로 언급된 것은 '우리나라의 높은 노인 빈곤 해소 및 노인들의 생활안정에 기여'라고 볼 수 있다. 따라서 노인을 부양하고 있는 자녀들의 부양비용 감소 여부를 파악하는 것은 본래의 기초연금의 목적과 직접적인 관계가 있다고 보기 어렵다.

7 ③

(가)에서 나무꾼은 도끼날이 무뎌졌다는 근본적인 원인을 찾지 못해 지칠 때까지 힘들게 나무를 베다가 결국 바닥에 드러눕고 말았다. 따라서 이를 끈기 있게 노력하지 않고 좋은 결과를 바라는 업무 태도 개선에 적용하는 것은 적용 대상의 모색이 잘못된 것이다.

8 ①

입찰 매매는 서면으로 최고 및 최저 가격을 제시한 자와 계약을 체결하며 주로 관공서나 공기업 등의 물품 구입이나 공사 발주 시 이용된다.

9 ②

기업의 자금 조달 중 보통주 발행은 자기 자본으로 형성되며 주식에 투자한 주주는 경영 참가권을 갖게 된다. 채권 발행은 타인 자본이며, 기업은 이자 부담과 원금 상환 의무를 가지게 된다.

10 ④

홍수량 배제능력이 부족한 저수지 등의 주요시설 복구는 개선복구를 원칙으로 한다.

11 ④

제시된 진술을 다음과 같이 정리할 수 있다.

㉮ : 내근 vs 외근(배타적 선언문)

㉯ : 내근+미혼 → not 과장 이상

㉰ : 외근+not 미혼 → 과장 이상

㉱ : 외근+미혼 → 연금 저축 가입

㉲ : not 미혼 → 남성

① '㉰'에 의해 과장 이상이 아닌 경우 외근을 하지 않거나 미혼이다. 김 대리가 내근을 한다면 그가 미혼이든 미혼이 아니든 지문의 내용은 참이 된다. 따라서 반드시 참은 아니다.

② '㉱'에 의해 박 대리가 연금 저축에 가입해 있지 않다면 그는 외근을 하지 않거나 미혼이 아니다. 박 대리는 미혼이므로 외근을 하지 않는다. 따라서 반드시 거짓이다.

③ 이 과장이 미혼이 아니라면 '㉯'에 의해 그가 내근을 하지 않는 경우도 성립한다. 따라서 반드시 참은 아니다.

12 ④

지문에 제시된 우수사원으로 표창받기 위한 조건을 다음과 같이 정리할 수 있다.

㉮ : 소속 부서에서 가장 높은 근무평점

㉯ : 근무한 날짜가 250일 이상

㉰ : 직원 교육자료 집필에 참여하고 직원 연수교육에 3회 이상 참석

㉱ : 정부출연연구소에서 활동한 사람은 그 활동 보고서가 인사부서 공식자료로 등록

조건과 지문의 진술을 통해 각 조건에 해당하는 후보를 다음과 같이 추론할 수 있다.

조건 ㉮ : 갑, 을, 병이 같은 부서 소속이고 갑의 근무평점이 가장 높다. 이때 세 부서가 근무평점 순으로 추천하므로 정, 무는 나머지 2개 부서 소속이고 각 부서에서 가장 높은 근무평점을 받았음을 알 수 있다. 따라서 조건을 충족하는 후보는 갑, 정, 무다.

조건 ㉯ : 250일 이상을 근무해야 조건이 충족되므로 조건을 충족하는 후보는 을, 병, 정이다.

조건 ㉰ : 250일 이상을 근무한 사람이 있으므로 갑과 무는 모두 직원 교육자료 집필에 참여하였다. 다섯 명의 후보 모두 직원 연수교육에 3회 이상 참석했으므로 조건을 충족하는 후보는 갑, 무다.

조건 ㉱ : 다섯 명의 후보 모두 직원 연수교육에 3회 이상 참석했으므로 이들 모두가 정부출연연구소에서 활동한 적이 있다. 여기서 250일 이상을 근무하여 활동 보고서가 인사부서에 공식 자료로 등록된 사람은 병이므로 조건을 충족하는 후보는 병이다.

이를 다음과 같이 표로 정리할 수 있다.

구분		최고평점	250일	집필+연수	자료 등록
부서 1	갑	○	×	○	×
	을	×	○		×
	병	×	○		○
부서 2	정	○	○		×
부서 3	무	○	×	○	×

을을 제외한 4명은 두 가지 조건을 충족하므로, 우수 직원으로 반드시 표창을 받는다.

13 ③

㉠㉡을 통해 노인인구 증가에 대한 문제제기를 제기하고, ㉢을 통해 노인 복지 정책의 바람직한 방향을 금전적인 복지보다는 경제적인 독립, 즉 일자리 창출 등으로 잡아야 한다고 논지를 전개해야 한다.

14 ③

① 건강보험공단에서 지원하는 제도이다.

② 임신지원금은 임신 1회당 50만원이나 다태아 임신 시에는 70만원이 지급된다.

④ 지원기간은 신청에 관계없이 이용권 수령일로부터 분만 예정일+60일까지이다.

15 ①

만약 A가 범인이라고 가정한다면

	A	B	C
첫 번째 진술	×	×	○
두 번째 진술			×
세 번째 진술			×

C의 두 번째와 세 번째 진술은 거짓이므로 A와 C는 만나적이 있다.

그러면 A의 세 번째 진술은 참이 되고 A의 두 번째 진술과 B의 세 번째 진술은 거짓이 된다.

이 경우 B의 첫 번째 진술과 세 번째 진술이 거짓이므로 두 번째 진술은 참이 되어야 하는데 C이 두 번째 진술과 상충되므로 가정을 한 A는 범인이 아니다.

C가 범인이라고 가정을 하면 A-ⓒ, B-ⓛ, C-ⓛ이 진실일 때 모순이 없다.

16 ②

② 시제품 B는 C에 비해 독창성 점수가 2점 높지만 총점은 같다. 따라서 옳지 않은 발언이다.

17 ②

· 화, 수, 목 중에 실시해야 하는 금연교육을 4회 실시하기 위해서는 반드시 화요일에 해야 한다.

· 금주교육이 월요일과 금요일을 제외한 다른 요일에 시행하므로 10일 이전, 같은 주에 이틀 연속으로 성교육을 실시할 수 있는 날짜는 4~5일뿐이다.

· 상황과 조건에 따라 A대학교 보건소의 교육 일정을 정리해 보면 다음과 같다.

월	화	수	목	금	토	일
1	금연 2	3	성 4	성 5	X 6	X 7
8	금연 9	10	11	12	X 13	X 14
15	금연 16	17	18	19	X 20	X 21
중 22	간 23	고 24	사 25	주 26	X 27	X 28
29	금연 30					

· 금주교육은 (3, 10, 17), (3, 10, 18), (3, 11, 17), (3, 11, 18) 중 실시할 수 있다.

18 ④

반장은 머리가 좋다. 또는 반장은 얼굴이 예쁘다(ⓒ 또는 ⓔ).
머리가 좋거나 얼굴이 예쁘면 반에서 인기가 많다(ⓜ).
∴ 반장은 반에서 인기가 많다.

※ ⓗ의 경우 머리도 좋고 얼굴도 예뻐야 반에서 인기가 많다는 의미이므로 주어진 진술이 반드시 참이 되지 않는다.

19 ③

· ⓒ 팀장님이 월요일에 월차를 쓴다고 하였다. → 월요일은 안 된다.

· ⓔ 실장님이 김 대리에게 우선권을 주어 월차를 쓸 수 있는 요일이 수, 목, 금이 되었다. → 월차를 쓸 수 있는 날이 수, 목, 금이라는 말은 화요일이 공휴일임을 알 수 있다.

· ⓜ 김 대리는 5일에 붙여서 월차를 쓰기로 하였다.

그럼 여기서 공휴일에 붙여서 월차를 쓰기로 했으므로 화요일이 공휴일이므로 수요일에 월차를 쓰게 된다.

20 ③

A는 1호선을 이용하지 않았으므로 4호선을 탔다. 그러면 D는 1호선을 이용하였고, B도 1호선을 이용하였다. F와 G 둘 중에 한 명은 1호선을 이용하였다. 그러므로 1호선을 이용한 사람은 3명이 되므로 E는 1호선을 탈 수 없다.

	A	B	C	D	E	F	G
1호선	×	○		○			
4호선	○	×		×			

21 ②

서울 거주자는 1,000만 명이며 1가구는 4명으로 구성된다.
가구의 절반만 정수기를 사용하고 있고, 3개월에 1번(1년에 4번) 정수기를 점검받는다.

따라서, $1{,}000만 \times \frac{1}{4} \times \frac{1}{2} \times 4 = 500$, 1년에 500만 번의 점검이 필요하다.

직원 1명은 4시간에 5가구의 정수기를 점검할 수 있다. 따라서 하루에 10가구를 점검할 수 있으며 일주일에 5번, 1년은 50주로 구성되어 있으므로 1명은 1년 동안 2,500가구를 점거할 수 있다(2명이면 5,000가구). 500만을 점검하기 위해서는 2,000명의 직원이 필요하게 된다.

22 ③

기준 타수가 36개이므로

갑은 기준 타수보다 2개 적으므로

$34 - 36 = -2$

x가 두 개 있으므로 $x = -1$

병은 타수 합계가 36이고 x가 1개, y도 1개 있으므로

$x = -1$이므로 $y = 1$이 되어 기준 타수 = 개인 타수

을은 x가 1개, y가 2개이므로 기준타수에 $+1$을 해야 하므로 37타가 된다.

㉠ $x = -1$이므로 1타 적게 친 것을 의미한다.

㉡ 9개 홀의 타수의 합은 갑은 34, 을은 37이므로 다르다.

㉢ 세 선수 중에서 타수의 합이 가장 적은 선수는 갑이 맞다.

23 ④

아들들이 받는 돈의 비율은 10:5:3이다. 막내아들은 90,000원의 $\frac{3}{18}$을 받으므로 15,000원을 받는다.

24 ②

주어진 조건에 의해 다음과 같이 계산할 수 있다.

$\{(1,000,000 + 100,000 + 200,000) \times 12$
$+ (1,000,000 \times 4) + 500,000\} \div 365 \times 30$
$= 1,652,055$원

따라서 소득월액은 1,652,055원이 된다.

25 ③

4명의 참석자를 각각 A, B, C, D라 하고 좌석을 a, b, c, d라 하면

4명 중 A만 자신의 자리 a에 앉고 나머지 좌석에 3명이 앉을 경우의 수는

$3 \times 2 \times 1 = 6$가지

그러나 3명은 모두 자신의 자리가 아닌 곳에 앉아야 하므로 (A, C, D, B), (A, D, B, C)의 2가지만 조건에 해당된다.

a	A					
b	B		C		D	
c	C	D	B	D	B	C
d	D	C	D	B	C	B

그러므로 경우의 수는 $4 \times 2 = 8$가지가 된다.

26 ③

㈎ 경상수지, ㈏ 본원소득수지

경상수지는 상품수지, 서비스수지, 본원소득수지, 이전소득수지로 구성되며, 자본금융 계정은 자본수지와 금융계정으로 구성된다.

㉠ 경상수지 적자가 지속되면 통화량이 줄어들어 디플레이션이 발생할 수 있다.

㉡ 국내 기업이 보유하고 있는 외국인의 배당금을 해외로 송금하면 본원소득수지에 영향을 미친다.

㉢ 국내 기업이 외국에 주식을 투자할 경우 영향을 미치는 수지인 금융계정은 흑자가 지속되고 있다.

㉣ 외국 기업이 보유한 특허권 이용료 지불이 영향을 미치는 수지인 자본금융은 2014년 적자를 기록하고 있다.

27 ①

할부 이용시 연이율은 3%가 적용되지만, 선수금이 10% 오르는 경우 0.5% 하락하므로 초기비용으로 500만 원을 지불하면 연이율은 2.5%가 적용된다.

28 ③

설치일로부터 18개월 이후 해지시 위약금은 남은 약정금액의 10%이므로

(690,000원 × 19회) × 0.1 = 1,311,000원

29 ④

㉢ 2016년 여성 평균 임금이 남성 평균 임금의 60%이므로 남성 평균 임금은 여성 평균 임금의 2배가 되지 않는다.

㉣ 고졸 평균 임금 대비 중졸 평균 임금의 값과 고졸 평균 임금 대비 대졸 평균 임금의 값 간의 차이는 2014년 (1.20−0.78=0.42)과 2016년(1.14−0.72=0.42)에 0.42로 같다. 그러나 비교의 기준인 고졸 평균 임금이 상승하였으므로 중졸과 대졸 간 평균 임금의 차이는 2014년보다 2016년이 크다.

30 ①

관광지	일정	1명의 하루 평균 가격
가	5일	599,000÷5=119,800
나	6일	799,000÷6=133,166
다	8일	999,000÷8=124,875 124,875×0.8=99,900 {(99,900×6)+124,875×2}÷8=106,143
라	10일	1,999,000÷10=199,900 199,900×0.5=99,950 {(99,950×8)+199,900×2}÷10=119,940

31 ④

A도시를 기준으로 판단해야 하므로 甲의 입장에서 시차를 고려하여 C도시에 도착할 수 있는 가장 빠른 시간을 찾아야 한다. 甲이 A도시를 기준으로 7시 40분에 도착하므로, 8시에 출발하는 기차를 이용하게 된다. 이때 도착시간은 8시부터 3시간이 소요되므로 11시이다. C도시는 A도시보다 10분이 빠르므로 甲은 11시 5분에 출발하는 기차에 탑승한다. 이후 4시간 30분이 소요되므로 15시 35분이다.

32 ④

위행기구 설치기준에 따라 〈보기〉의 조건을 아래와 같이 정리할 수 있다.

A. 남자 30명과 여자 30명이 근무하므로 'A 기준'에서는 4개, 'B 기준'에서는 4개의 위생기구가 필요하다. 그러므로 'A 기준'과 'B 기준'에 따라 설치할 위생기구 수는 같다.

B. 남자 50명과 여자 40명이 근무하므로 'B 기준'에 따르면 남자 화장실에는 3개의 위생기구를 설치해야 한다. 여자 화장실에는 2개의 위생기구를 설치해야 한다. 이때 "남자 화장실에서 위생기구 수가 짝수인 경우 대변기와 소변기를 절반씩 나누어 설치하고, 홀수인 경우 대변기를 한 개 더 많이 설치한다."는 조건에 따라 남자 화장실에는 3개의 위생기구 중 대변기 2개를 설치하여야 한다. 조건에 따라 여성 화장실에는 모두 대변기를 설치해야 하므로 결국 두 곳 모두 대변기를 2개 설치해야 한다.

D. 남자 150명과 여자 100명이 근무하므로 'C 기준'에서 남자 화장실에는 4개, 여자 화장실에는 3개의 위생기구를 설치해야 한다. 이때 상기한 조건에 따라 남자 화장실에 대변기 2개를 설치하여야 하고 여자 화장실의 3개를 합하여 총 5개를 설치하여야 한다.

C. 남자 80명과 여자 80명이 근무하므로 'A 기준'에 남자 화장실과 여자 화장실에 각각 4개의 위생기구를 설치해야 한다. 이때 여자 화장실에는 모두 대변기를 설치하므로 설치할 소변기는 총 2개이다.

33 ②

주어진 자료에 따라 예산 집행 금액을 계산해보면 다음과 같다.

(단위 : 백만 원)

영업2팀	영업3팀	유통팀	물류팀
26 × 1.154 = 30.004	24 × 0.875 = 21	32 × 0.781 = 24.992	29 × 0.879 = 25.491

따라서 팀별로 예산의 신청 금액과 집행 금액의 차이는 순서대로 각각 약 +4백만 원, −3백만 원, −7백만 원, −3.5백만 원이 되어, 2019년에 가장 많은 예산을 분배받을 팀과 가장 적은 예산을 분배받을 팀은 각각 영업3팀과 유통팀이 된다.

34 ②

① A : 340
② B : 410
③ C : 260
④ D : 290

35 ①

② 품목별 예산제도 : 지출대상을 품목별로 분류해 그 지출대상과 한계를 명확히 규정하는 통제지향적 예산제도
③ 성과주의예산제도 : 예산을 기능별, 사업계획별, 활동별로 분류하여 예산의 지출과 성과의 관계를 명백히 하기 위한 예산제도
④ 성인지예산제도 : 정부 예산이 여성과 남성에게 미치는 영향을 평가하고 이를 반영하는 예산제도

36 ①

② 1시간 더 일할 때마다 추가로 발생하는 비용은 일정하지 않다.
③ 성은이 자택근무로 하루에 최대로 얻을 수 있는 순편익은 21,000원이다.
④ 1시간 더 일할 때마다 추가로 발생하는 편익은 6,000원으로 항상 일정하다.

37 ①

정해진 기한 내에 인적, 물적, 금전적 자원 한도 내에서 작업이 완료되는 경우 과제 수행 결과에 대한 평가가 좋게 이루어진다. 따라서 석진, 정태, 수진은 좋은 평가를 받게 되고 민주는 정해진 기한을 넘겨 작업을 완료했으므로 가장 나쁜 평가를 받게 된다.

38 ③

D는 구성원 수 제한으로 제외된다.

A = (200 + 12 × 5) × 130% = 338

B = 150 + 6 × 10 = 210

C = 150 + 7 × 10 = 220

39 ②

인적자원개발은 개인과 조직의 공동 목표 달성을 위해 진행되는 것이라고 이해할 수 있으므로 개인의 경력개발을 중심으로 전개된다는 것은 타당하지 않다.

① 인적자원개발은 학습을 통한 교육과 훈련이 핵심이므로 추상적이고 복합적인 개념이라고 할 수 있다.

③④ 기존의 조직 내 인력의 양성 차원을 넘어 근로자, 비근로자, 중고령자, 지역 인재 등으로까지 확대 적용되는 것이 인적자원개발의 의의라고 판단할 수 있다.

40 ③

영업팀은 영어 능통자와 대인관계가 원만한 자를 원하고 있으므로 미국에서 거주한 정과 폭넓은 대인관계를 가진 을이 배치되는 것이 가장 적절하다. 또한 인사팀은 인사 행정을 처리할 프로그램 업무를 원활히 수행할 수 있는 컴퓨터 활용 우수자인 병이 적절하다. 나머지 갑은 바리스타 자격을 보유하여 외향적인 성격을 소유하였다고 판단할 수 있으며, 무는 광고학을 전공하였고 융통성 있는 사고력도 소유한 직원으로 홍보팀에 알맞은 자질을 보유한 것으로 볼 수 있다. 따라서 ③과 같은 인력 배치가 자질과 능력에 따른 적재적소에 인력을 배치한 것이 된다.

41 ②

1 문단의 홉스테드는 IBM의 종업원을 대상으로 권력 거리, 개인주의 · 집단주의, 남성주의 · 여성주의, 불확실성 회피라는 문화 차원 척도를 제시하였다. 2 문단의 홀은 커뮤니케이션 스타일 차원을 이용하여 문화를 분석하였고 고맥락 커뮤니케이션 문화와 저맥락 커뮤니케이션 문화로 구분하였다. 3 문단의 GLOBE모형은 홉스테드의 척도를 발전시켰다. 세 개의 연구 결과는 모두 문화에 해당하며 조직의 노사협력 차원에서 접근하면 조직문화의 영역에 속한다. 한 대리는 "조직구성원의 행동을 지배하는 비공식적 분위기가 있음을 이해하고, 직원들의 행동을 결정하는 집단적 가치관이나 규범을 정립해야 한다."고 했는데 가장 정확한 접근이다.

① 제시문 속에 남성주의 · 여성주의, 권력의 불공평한 배분, 양성평등주의 등의 주제가 포함되어 있으나 제시문의 본질이 양성평등기본법을 말하고자 하는 것은 아니다.

③ 3 문단에 리더십을 연구했다는 문구가 있으나 리더십 대체이론을 설명하고자 한 것은 아니다.

④ 인지 부조화는 제시문과 연관성이 없다.

42 ④

① 2 문단의 컨베이어 벨트 생산 방식을 통해 노동력을 절감했을 것이다.

② 2 문단에 따르면 기계를 잘 다룰 줄 아는 숙련공의 존재가 중요해졌음이 나타난다.

③ 4 문단에 따르면 포드는 주 5일제 40시간 근무를 최초로 실시했음이 나타난다.

43 ②

② "유럽에서의 한방 원료 등을 이용한 'Korean Therapy' 관심 증가"라는 기회를 이용하여 "아시아 외 시장에서의 존재감 미약"이라는 약점을 보완하는 WO전략에 해당한다.

44 ④

인력수급계획 및 관리, 교육체계 수립 및 관리는 인사부에서 담당하는 업무의 일부이다.

45 ②

㉠ 사장직속으로는 3개 본부, 2개 실로 구성되어 있다.

㉡ 해외부사장은 2개의 본부를 이끌고 있다.

㉣ 노무처는 관리본부에, 재무처는 기획본부에 소속되어 있다.

46 ①

㈎ 위계를 강조하는 조직문화 하에서는 조직 내부의 안정적이고 지속적인 통합, 조정을 바탕으로 일사불란한 조직 운영의 효율성을 추구하게 되는 특징이 있다. 조직원 개개인의 능력과 개성을 존중하는 모습은 혁신과 관계를 지향하는 조직문화에서 찾아볼 수 있는 특징이다.

47 ②

일반적인 경우, 팀장과 팀원의 동반 출장 시의 출장보고서는 팀원이 작성하여 담당→팀장의 결재 절차를 거치게 된다. 따라서 제시된 출장보고서는 박 사원 단독 출장의 경우로 볼 수도 있고 박 사원과 강 팀장의 동반 출장의 경우로 볼 수도 있으므로 반드시 출장자에 강 팀장이 포함되어 있지 않다고 말할 수는 없다.

48 ①

비용이 집행되기 위해서는 비용을 쓰게 될 조직의 내부 결재를 거쳐 회사의 비용이 실제로 집행될 수 있는 회계팀(자금팀 등 비용 담당 조직)의 결재를 거쳐야 할 것이다. 퇴직금의 정산과 관련한 인사 문제는 인사팀에서 담당하고 있는 업무가 된다. 또한, 회사의 차량을 사용하기 위한 배차 관련 업무는 일반적으로 총무팀이나 업무지원팀, 관리팀 등의 조직에서 담당하는 업무이다. 따라서 회계팀, 인사팀, 총무팀의 순으로 업무 협조를 구해야 한다.

49 ④

도덕적 몰입은 비영리적 조직에서 찾아볼 수 있는 조직몰입형태로 도덕적이며 규범적 동기에서 조직에 참가하는 것으로 조직몰입의 강도가 제일 높으며 가장 긍정적 조직으로의 지향을 나타낸다. 계산적 몰입은 조직과 구성원 간의 관계가 타산적이고 합리적일 때의 유형으로 몰입의 정도는 중간 정도를 보이게 되며, 몰입 방향은 긍정적 혹은 부정적 방향으로 나타날 수 있다. 이러한 몰입은 공적인 조직에서 찾아볼 수 있으며 단순한 참여와 근속만을 의미한다. 소외적 몰입은 주로 교도소, 포로수용소 등 착취적인 관계에서 볼 수 있는 것으로 조직과 구성원간의 관계가 부정적 상태인 몰입이다.

50 ③

③ 차상위자가 전결권자가 되어야 하므로 이사장의 차상위자인 이사가 전결권자가 되어야 한다.

51 ④

직원들이 항상 불법이나 과실을 직속상관과 편하게 논의할 수 있는 것은 아니며 때로는 직속상관이 문제의 몸통일 수도 있다. 직원들이 내부자와의 대화를 불편하게 생각할 수 있기 때문에 다양한 내부의 제보 라인 외에도 외부의 공익 제보단체들과 핫라인을 구축하여 효과적인 고발이 이루어지도록 시스템을 갖추어야 한다.

52 ②

부정청탁금지법은 부정청탁 자체를 금지하는 것으로 실현되지 않은 경우에도 청탁자는 과태료 부과 및 징계 대상이 된다.
① 부정청탁에 의한 지시를 한 상급자는 당연히 처벌 대상에 해당되며, 이를 수행한 하급자는 부정청탁에 따른 것임을 인지한 경우 거절하는 의사를 표시해야 함에도 불구하고 지시에 따라 처리하였으므로 하급자 역시 처벌 대상이 된다.

53 ③

C대리의 행동에서는 꾸준히 자기개발을 수행하는 성실함을 엿볼 수 있으며, 이는 '책임'을 실천하는 모습과는 관련이 없다.

54 ①

제시된 내용 이외에도 채용비리 근절을 위하여 취할 수 있는 방법으로, 수사결과 등으로 밝혀진 부정합격자에 대해서는 채용취소 근거규정을 마련하고 응시자격을 제한하는 조치도 고려할 수 있다. 또한 채용 과정의 투명성을 확보하고 내부 점검을 보다 강화하기 위하여 외부 시험위원을 과반수 이상 구성토록 명시하는 것도 좋은 방법이 될 수 있다. 이밖에도 이해당사자 구체화, 블라인드 방식 강화, 채용관련 문서 영구 보존 의무화 등을 통해 채용비리 근절을 앞당길 수 있을 것이다.

55 ④

본인의 의사에 반하는 어떠한 인사상의 조치도 취하면 안된다고 규정하고 있다. 따라서 피해 당사자라 하더라도 직무에서 배제할 수 없으며, 오히려 치료지원 등을 위한 업무상 공백을 인정해야 주어야 한다.

56 ①

주어진 글은 '고객접점서비스'에 관한 내용이다. 고객접점서비스란 고객과 서비스 요원 사이의 15초 동안의 짧은 순간에서 이루어지는 서비스로서 이 순간은 진실의 순간(MOT : moment of truth) 또는 결정적 순간이다. 이 15초 동안에 고객접점에 있는 최일선 서비스 요원이 책임과 권한을 가지고 우리 회사를 선택한 것이 가장 좋은 선택이었다는 사실을 고객에게 입증시켜야 한다는 것이다. 즉 "결정의 순간"이란 고객이 기업조직의 어떤 한 측면과 접촉하는 사건이며, 그 서비스의 품질에 관하여 무언가 인상을 얻을 수 있는 사건이다. 따라서 고객접점서비스 차원에서 볼 때, 고객에게 짧은 시간에 결정적이고 좋은 인상을 심어주려는 행위는 바람직한 행위인 것이다.

57 ④

브랜드 이미지를 관리하기 위한 조치로 적절한 것은 사실이지만, 제공된 자료에 의하면 브랜드 이미지에 대한 오해를 해소하거나 홍보를 위한 행동이 필요한 것이 아니라, 신뢰를 저버린 것이 크게 문제가 된다는 점을 알 수 있다.
① 기업은 투자자에게 투명한 정보를 제공하고, 투자자의 이윤 성취에 힘써야 할 의무가 있다. 따라서 투자자를 설득시킬 수 있는 경영 방침을 시행하는 것이 중요하다.
② 주어진 글을 통해 확인할 수 있는 내용이다.
③ 정보 통신의 발달이 공정성의 강조를 촉진시키고 있다는 내용뿐만 아니라, 주어진 글을 통해 주가가 폭락하는 등의 모습이 보여 성과와의 연관성을 설명하고 있다.

58 ②

고객과의 대화 내용을 녹취하는 것은 고객에 대한 예절의 차원이 아닌 A기관의 업무수행을 위한 행위이다. 고객의 의견을 명확히 이해하기 위해서는 "~다는 말씀이시지요?" 또는 "~라고 이해하면 되겠습니까?" 등의 발언을 통하여 고객이 말하는 중요 부분을 반복하여 확인하는 것이 효과적인 방법이라고 할 수 있다.

59 ②

'원활한 직무수행 또는 사교·의례의 목적으로 제공될 경우에 한하여 제공되는 3만 원 이하의 음식물·편의 또는 5만 원 이하의 소액의 선물'이라고 명시되어 있으며, 부정한 이익을 목적으로 하는 경우는 3만 원 이하의 금액에 대해서도 처벌이 가능하다고 해석될 수 있다.
① 사적 거래로 인한 채무의 이행 등에 의하여 제공되는 금품은 '금품 등을 받는 행위의 제한' 사항의 예외로 규정되어 있다.
③ 공개적인 경우 문제의 소지가 현저히 줄어든다고 볼 수 있다.
④ 상조회로부터의 금품에 대한 한도액과 관련한 규정은 제시되어 있지 않다.

60 ④

책임감에 관한 내용이다. 직무수행 중 일어난 과실에 대해서는 법적인 책임만 부담한다는 식의 가치관보다는 무한책임감을 갖고 나는 잘못을 저질렀을 때에도, 끝까지 책임지려고 하는 책임감이 중요하다는 가치관을 가져야 한다.
직무를 수행하면서 책임은 법적인 책임만 있는 것이 아니라, 사규에 의한 책임, 도의적 책임, 개인양심에 대한 책임 등 여러 가지가 있다. 법적 책임 한 가지만 한정되어 책임감을 정의한다는 것은 직업인으로서의 윤리에 어긋난다.

1 ④

④ 몸쪽노자관절, 면쪽노자관절은 중쇠관절 형태이다.

2 ③

③ 허리뼈에서 가장 큰 움직임은 전후(굽힘, 폄) 움직임이다.

3 ④

안구 방수는 섬모체에서 생성되어 전방을 채우고 있다가 공막정맥굴을 통해 배출된다.

4 ②

해부학자세를 기준으로 가장 앞쪽에 위치하는 자궁의 부분은 자궁바닥이며, 가장 뒤쪽에 위치하는 부분은 자궁목이다.

5 ②

가시위근의 시작점 공간에 속한다고 볼 수 있다.

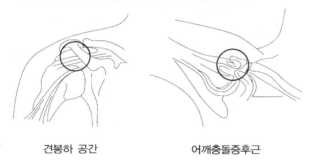

견봉하 공간　　　　어깨충돌증후근

6 ①

엉덩허리근의 대표적 기능적 움직임은 엉덩관절의 굽힘이다. 엉덩관절의 외전과 외회전을 보조해주는 역할도 한다.

7 ②

등세모근은 상지의 근육 중 유일하게 뇌신경인 더부신경의 지배를 받는다.

8 ③

손목을 돌려 손바닥을 위나 아래로 향하는 엎침과 뒤침 동작은 노뼈와 자뼈 사이에서 일어난다.

9 ①

규칙적인 운동은 노화로 인한 근 손실에 긍정적인 역할을 한다.

10 ②

ⓒ 심장에서 나온 혈액은 대동맥에서 산소 분압이 가장 높고 각 조직에서 산소가 소비되고 대정맥에서 산소 분압이 가장 낮게 된다. 따라서 대동맥의 산소 분압은 대정맥의 산소 분압보다 높다.

11 ④

와파린은 비타민 K의 길항제로 작용하여 비타민 K 기반의 응고인자가 혈액을 응고시키는 것을 지연시키는 역할을 한다. 따라서 와파린 복용 중 출혈이 발생한 경우 비타민 K를 처방하여 와파린의 작용을 억제해야 한다.

12 ②

췌장에서 분비되는 인슐린은 같은 췌장에서 분비되는 글루카곤과 길항작용을 한다. 또한 카테콜아민(에피네프린, 노르에피네프린), 성장호르몬, 코르티솔, 글루카곤은 장시간 운동 시 증가하는 반면 인슐린은 감소한다.

13 ②

이완기압에 맥압의 1/3을 더한 값이 평균동맥압이다. 맥압이란 수축기에서 이완기 혈압을 뺀 값으로 126 − 90 = 36mmHg이며 36의 1/3은 12mmHg이다. 따라서 평균동맥압은 90 + 12 = 102mmHg이다.

14 ③

세포는 지속적인 자극(스트레스)을 받게 되면 가역적, 비가역적 세포손상으로 환경에 적응하려고 한다.

- ㉠ **세포자멸사(apoptosis)** : 생리학적 세포손상으로, 다양한 세포 내외의 자극으로 인해 일어날 수 있도록 미리 계획된 손상
- ㉡ **괴사(necrosis)** : 병리적 세포손상으로, 자극(허혈, 화상, 독소)이 주어질 때 세포의 구조나 소기관(세포막, 미토콘드리아 등)을 비가역적으로 공격하여 세포의 원형이 보존되지 못함
- ㉢ **화생(metaplasia)** : 분화된 세포의 형태가 다른 형태로 전환되는 것으로 대개 가역적 산성의 위 내용물이 식도 하부로 역류하면 식도의 상피세포의 형태가 바뀜
  - 예 **분화(differentiation)** : 주변의 세포들끼리 형태가 비슷하게 되어 가는 것
- ㉣ **증식(hyperplasia)** : 세포분열이 자극되어 세포의 수가 증가하는 것
  - 예 **비대(hypertrophy)** : 기능적 요구 및 호르몬에 대한 신호를 만족시키기 위해 세포의 크기가 증가하는 것
- ㉤ **이형성(dysplasia)** : 세포 구성성분의 비정상적인 성장으로 세포 배열이 흐트러지거나 불규칙적으로 변하는 것

15 ④

위의 보기들은 모두 정맥과 연관되어 나타나는 증상이다. 우심실 심부전이 일어나면 정맥환류가 제대로 되지 않으므로 다음과 같은 증상을 유발할 수 있다.

- ㉠ **간 및 복부 장기의 부종** : 간과 복부에서 연결되는 혈관은 대정맥과 연결되어 있으므로 이 부분의 혈류가 제대로 흐르지 않을 경우 혈액이 정체되어 부종을 유발하게 된다.
- ㉡ **구역질, 복부통증, 복부팽만** : 복부에서 연결되는 혈관은 대정맥으로 흐르므로 이 부분의 혈류에 문제가 생길 경우 주변의 신경을 자극해 구역질이나 통증을 유발하거나, 복부팽만을 일으킬 수 있다.
- ㉢ **정맥압의 증가로 인한 목정맥의 확장과 뇌부종** : 머리와 연결되어 있는 혈관은 목정맥을 거쳐 심장으로 들어오게 되는데, 우심실부전으로 인해 혈액이 제대로 흐르지 못할 경우 정맥압이 증가하여 목정맥이 확장되고 뇌부종이 유발된다.

16 ⑤

갈색지방 세포 안에는 세포호흡을 하는 세포소기관인 미토콘드리아가 많은데, 세포호흡 과정에서 누수가 일어나 에너지 저장 분자인 아데노신삼인산(ATP)이 만들어지는 대신 열이 발생한다.

17 ②

단거리 달리기를 하는 경우 제2형 근섬유를 주로 사용하는데 이때 초기 5초 이내에는 인산 크레아틴이, 이후에는 근육 내 글리코겐 분해를 통해 얻은 포도당을 이용한다.

18 ①

당뇨 환자의 호흡에서 과일 냄새가 나는 이유는 당대사가 되지 않아 발생하는 케톤산혈증 때문이다.

② 장기간의 공복으로 혈당이 떨어졌을 때 뇌의 에너지원으로 사용된다.

③⑤ 인슐린 분비에 이상이 생기면 말초조직에서 혈액 내 글루코스를 이용하지 못해 지방산 분해와 케톤체 합성이 늘어나 케톤산혈증이 발생한다.

④ 속도제한효소는 HMG-CoA synthetase이다.

19 ⑤

황색판종은 체내 콜레스테롤이 피하에 축적되면서 발생한다.

20 ⑤

조산아의 경우 비타민 K의 저장량이 적고 모유에도 비타민 K가 부족해 결핍이 일어날 수 있다. 비타민 K가 부족할 경우 출혈성 질환을 보인다.

21 ③

아버지의 생식세포 제1감수분열 과정에서 성염색체가 분리되지 않았다면, 감수분열 종료 시 생길 수 있는 딸세포는 성염색체를 갖지 않거나, X 염색체 또는 Y 염색체만 가지거나, XY 염색체를 모두 가질 수 있다. 따라서 정상염색체수를 지난 배우자와 수정을 할 때 45(비정상), 46XX(정상), 46XY(정상), 47XXY(비정상)가 생길 수 있다.

22 ③

울혈은 몸 속 장기나 조직에 정맥의 피가 모인 상태로 정맥혈이 정맥 및 모세혈관에 괴어 있는 것을 말한다. 식도정맥류는 식도 정맥으로 정맥혈이 유입되어 발생하는 질병이며, 치핵은 순환되지 않는 정맥혈로 인해 항문 주위 혈관이 커지면서 주변 조직과 함께 항분 밖으로 빠져나오는 증상이다.

23 ②

터너 증후군(Turner's syndrome)은 여성에게 정상적으로 두 개 존재해야 할 X 염색체가 하나가 없거나 불완전할 때 생긴다. 작은 키와 사춘기에 성적 발달이 결여되는 것이 특징이다.

24 ⑤

아스페르길루스는 면역력이 저하된 사람에게 심각한 부비동염, 폐렴 등을 일으키는 기회감염성 진균이다.

25 ②

만성피로, 체중감소, 발열, 림프절 비대, 만성 육아종성 염증은 결핵의 증상이다.

26 ②

② 다형성 선종은 대부분 성장 속도가 느리다.

27 ①

편평상피세포암은 거의 대부분이 흡연자에게서 발생한다.

28 ③

제시된 내용은 위식도역류와 관련된 내용이다.

29 ④

에틸린옥사이드는 모든 종류의 미생물에 멸균 효과를 보여 의료기관에서 사용하는 도구들의 멸균에 활용된다.

30 ③

뎅기 바이러스(DENV)는 뎅기열의 원인이 되는 바이러스로 모기에 의해 감염된다.

31 ③

제시된 내용은 정지기에 대한 설명이다. 정지기는 에너지와 영양분이 고갈된 시기로 대수증식기 후반에서의 특성들을 유지한다.

32 ⑤

제시된 내용은 쯔쯔가무시병과 관련된 설명이다. 쯔쯔가무시병은 진드기티푸스, 덤불티푸스, 초원열, 잡목열 등으로 불리는 발열성 질환의 일종으로 Orientia tsutsugamushi에 의해 감염된 털진드기의 유충에 물렸을 때 혈액과 림프액을 통해 전신적 혈관염이 발생하는 질병이다.
① 뎅기열 원인균
② Q열 원인균
③ 장티푸스 원인균
④ 라임병 원인균

33 ④

불활성화 사멸백신은 배양된 바이러스 물질을 열이나 자외선, 포름알데히드로 죽인 후 사멸한 미생물을 백신으로 사용한다.
① 백신에 의한 감염 위험이 낮다.
② 열에 의해 쉽게 항원성이 변성되지 않는다.
③⑤ 약독화 생백신에 대한 설명이다.

34 ③

① 인플루엔자 바이러스
② 홍역 바이러스
④ 수두 대상포진 바이러스
⑤ 인체 유두종 바이러스

35 ③

인터루킨 12는 수지상세포, B림프구, T림프구, 대식세포에서 분비되며, 세포 독성 T세포로 분화 유도, 자연 살해 세포 사이토카인 형성 기능을 한다.

36 ③

③ 정상 질 내 세균이 제대로 유지되지 못하여 질 내 정상 산도가 상승하게 된다.

37 ⑤

⑤ 성홍열은 A군 사슬알균 중 외독소를 생성하는 균주에 의한 상기도 감염증으로 발생 시 인후통, 발열 및 전신에 퍼지는 닭살 모양의 발진을 보이는 급성 감염성 질환이다.

38 ②

① 간디스토마의 제1중간숙주는 쇠우렁이, 제2중간숙주는 담수어(붕어, 잉어 등)이다.
③ 유구조충은 중간숙주가 1개인 기생충으로 중간숙주는 돼지이다.
④ 광절열두조충의 제1중간숙주는 물벼룩, 제2중간숙주는 담수어(연어, 송어 등)이다.
⑤ 무구조충은 중간숙주가 1개인 기생충으로 중간숙주는 소이다.

39 ②

② 트리코모나스는 편모충류에 속한다.

40 ①

클로로퀸은 무성단계인 eythrocytic stage에 작용해서 DNA, RNA 형성의 촉매가 되는 효소인 polymerase를 억제한다. 반감기가 길고 효과가 좋아 말라리아 치료의 초기 약제로 사용된다. 클로로퀸에 내성을 가진 말라리아의 경우 ACT(artemisinin combination therapy) 또는 메플로퀸을 주로 사용한다.

41 ⑤

⑤ 고래회충증에는 효과적인 구충제가 없으며 내시경을 통한 제거가 치료법이다.

42 ④

gastric intrinsic factor는 위벽을 둘러싸고 있는 세포에서 만들어지는 당 단백질로, 비타민 B_{12}를 혈액 내로 흡수하는 데 필요하다. 조충에 감염될 경우 gastric intrinsic factor의 결핍이 발생하면서 비타민 B_{12} 결핍성 빈혈이 발생한다.

43 ③

③ 옴진드기는 감염된 사람이나 옷, 침구 등과 접촉할 때 충란, 유충, 수태한 암컷 성충이 옮겨가면서 감염된다.

44 ③

③ 부과방식은 인플레이션으로부터 연금의 가치를 보호할 수 있다.

45 ④

빈곤함정이란 실업자의 재정적 급여가 근로자의 재정적 급여보다 많을 때 근로자들이 금전적인 이유로 근로를 회피하는 것으로, 사회복지 급여에 의존하여 근로의욕을 상실하고 빈곤에 머무르는 현상이다. 수급권자가 개인적으로 최저한도의 생활을 유지할 수 없는 경우 최종적으로 그 부족분을 보충하여 주는 보충성의 원리로 인해 빈곤함정이 유발될 수 있다.

46 ④

④ 부담금이란 사업장가입자의 사용자가 부담하는 금액을 말한다〈「국민연금법」 제3조 제1항 제11호〉.

47 ③

급여의 종류〈「국민연금법」 제49조〉
1. 노령연금
2. 장애연금
3. 유족연금
4. 반환일시금

48 ③

③ 이 법은 고령이나 노인성 질병 등의 사유로 일상생활을 혼자서 수행하기 어려운 노인등에게 제공하는 신체활동 또는 가사활동 지원 등의 장기요양급여에 관한 사항을 규정하여 노후의 건강증진 및 생활안정을 도모하고 그 가족의 부담을 덜어줌으로써 국민의 삶의 질을 향상하도록 함을 목적으로 한다〈법 제1조〉.

① 장기요양급여는 노인 등이 가족과 함께 생활하면서 가정에서 장기요양을 받는 재가급여를 우선적으로 제공하여야 한다〈법 제3조 제3항〉.

② 장기요양인정 및 장기요양등급 판정 등을 심의하기 위하여 공단에 장기요양등급판정위원회를 둔다〈제52조 제1항〉. 등급판정기준은 장기요양 1~5등급과 장기요양 인지지원등급으로 나뉜다〈시행령 제7조〉.

④ 장기요양사업의 관리운영기관은 국민건강보험공단으로 한다〈법 제48조 제1항〉.

⑤ 장기요양보험료는 국민건강보험법에 따른 보험료(건강보험료)와 통합하여 징수한다〈법 제8조 제2항〉.

49 ②

② 주택연금은 부부 중 한명의 나이가 만 55세 이상이어야 한다.

50 ②

사회보장기본법 제3조 제3호에 의하면, "공공부조라 함은 국가 및 지방자치단체의 책임 하에 생활 유지 능력이 없거나 생활이 어려운 국민의 최저생활을 보장하고 자립을 지원하는 제도를 말한다."라고 정의한다. 현재 공공부조와 관련해서는 '국민기초생활보장제도'가 실시되고 있다.

제 2 회 정답 및 해설

✏️ **직업기초능력평가**

1 ④

국민연금공단의 혁신계획은 혁신 전담조직을 구성하여 상시
모니터링 및 환류, 추진동력 확보를 위한 협의체 운영 등의
내용을 담고 있다. 혁신주니어보드는 혁신과제를 발굴하고
혁신관련 행사에 참여하며 대내외 소통 등을 담당한다. 홍
주임이 언급한 '과제별 추진실적 점검'은 총괄본부에서 맡게
된다.

① 김 팀장은 "사회적 위험으로부터 국민을 보호하기 위하
　여 제도를 강화할 것이 요청되고 있다"고 평가했는데 이
　는 혁신계획의 서두에 명시된 사회안전망 기능이다.
② 기존 경영혁신 전담조직은 열린혁신위원회와 혁신위원회
　였는데, 혁신위원회로 통합함에 따라 위원회 수는 기존
　보다 줄어든다.
③ 박 대리는 시민참여혁신단의 전문가를 말하고 있는데,
　전문위원은 전체 위원 중 3명으로 10%에 해당한다.

2 ④

국민연금공단의 희망든든 연금보험료 지원사업은 무이자,
무담보, 무보증으로 연금보험료를 지원하고 국민연금 수령
후 연금으로 분할 상환할 수 있는 사업이다. 1인당 300만
원 이내로 지원되며 접수 기간은 수시접수로 자금 소진 시
마감되므로 D의 평가는 적절하지 않다.

① A는 희망든든 연금보험료 지원사업의 공고문의 내용을
　바르게 이해하였다.
② 지원대상은 저소득자(기준 중위소득 80% 이하인 자)로 2
　인 가구의 기준 중위소득 80%는 2,325,000원이므로 B의
　평가는 적절하다.
③ 제출 서류는 지원신청서, 개인정보 조회동의서, 약정서
　등으로 안내되어 있으므로 C의 평가는 적절하다.

3 ①

㉮ **임의계속가입자** : 국민연금 가입자 또는 가입자였던 자가
　기간연장 또는 추가 신청을 통하여 65세까지 가입을 희
　망하는 가입자를 말한다.
㉯ **임의가입자** : 사업장가입자 및 지역가입자 외의 자로서
　국민연금에 가입된 자를 말한다.
㉰ **지역가입자** : 사업장가입자가 아닌 자로서 국민연금에 가
　입된 자를 말한다.
㉱ **사업장 가입자** : 사업장에 고용된 근로자 및 사용자로서
　국민연금에 가입된 자를 말한다.

4 ②

위 문서는 기안서로 회사의 업무에 대한 협조를 구하거나 의견을
전달할 때 작성하며, 흔히 사내 공문서라고도 한다.

5 ③

주주는 증권 시장을 통해 자신들의 주식을 거래할 수 있으
며, 감사는 이사회의 업무 및 회계를 감시한다.

6 ③

선발인원, 활동 내역, 혜택사항 등은 인원을 모집하려는 글
에 반드시 포함되어야 할 사항이라고 볼 수 있으며, 문의처
를 함께 기재하는 것이 모집 공고문 작성의 일반적인 원칙
이다. 활동비 지급 내역 등과 같은 세부 사항은 '응모'와 관
련된 직접적인 사항이 아니므로 공고문에 반드시 포함될 필
요는 없다고 보아야 한다.

7 ④

④ 국제노동기구에서는 사회보장의 구성요소로 전체 국민을
대상으로 해야 하고, 최저생활이 보장되어야 하며 모든 위
험과 사고가 보호되어야 할뿐만 아니라 공공의 기관을 통해
서 보호나 보장이 이루어져야 한다고 하였다.

8 ③

③ 파급(波及) : 어떤 일의 여파나 영향이 차차 다른 데로 미침.

① 통용(通用) : 일반적으로 두루 씀. 또는 서로 넘나들어 두루 씀.

② 책정(策定) : 계획이나 방책을 세워 결정함.

④ 양육(養育) : 아이를 보살펴서 자라게 함.

9 ③

'찬성 2'는 두 번째 입론에서 자신이 경험한 사례를 근거로 한식의 세계화를 위해 한식의 표준화가 필요하다는 주장을 하고 있다. 이 주장에 앞서 여러 대안들을 검토한 바 없으므로, 여러 대안들 중 한식의 표준화가 최선의 선택이라는 점을 부각하고 있다는 것은 적절하지 않다.

10 ②

② B와 C가 취미가 같고, C는 E와 취미생활을 둘이서 같이 하므로 B가 책읽기를 좋아한다면 E도 여가 시간을 책읽기로 보낸다.

11 ③

- 갑은 "복어 독의 LD50 값은 0.01mg/kg 이상"이라고 했는데 옳은 평가이다. 보톡스의 LD50 값은 1ng/kg으로 복어 독보다 1만 배 이상 강하다고 했으므로 10,000ng/kg을 mg/kg으로 변환하면 $1ng = 10{-}6mg$이므로 0.01mg/kg이 된다.
- 을은 "일반적으로 독성이 더 강한 물질일수록 LD50 값이 더 작다"고 했는데 옳은 평가다. 반수를 죽음에 이르도록 할 때 필요한 물질의 양이 더 작다면 일반적으로 독성이 더 강하다고 할 수 있다.
- 병은 "몸무게가 7kg인 실험 대상 동물의 50%가 즉시 치사하는 카페인 투여량은 1.4g이다."라고 했는데 옳은 평가다. 7kg 동물의 LD50 값은 1,400mg/kg이다. g와 mg는 1,000단위만큼 차이가 나므로, 1.4g/kg이다.
- 정은 "몸무게가 60kg인 실험 대상 동물의 50%가 즉시 치사하는 니코틴 투여량은 1개비당 니코틴 함량이 0.1mg인 담배 60개비에 들어있는 니코틴의 양에 상응한다."고 했는데 이는 적절하지 않다. 몸무게와 담배 개비 수가 같으므로, 1kg에 대한 LD50 값이 0.1mg/kg인지 확인하면 된다. 그러나 니코틴의 LD50은 1mg/kg이다.

12 ④

함수율은 목재 내에 함유하고 있는 수분을 백분율로 나타낸 것이다.

$$함수율 = \frac{원종자\ 무게 - 건조종자\ 무게}{원종자\ 무게} \times 100$$

일반적으로 종자저장에 적합한 함수율은 5 ~ 10%로 제시되어 있으므로 이를 활용하여 건조 종자 무게를 확인할 수 있다.

건조 종자 무게를 X로 두는 경우

$5(5) < (10 - X) \div 10 \times 100 < 10(5)$의 식을 만들 수 있다. 이를 통해서 건조 종자 무게는 각각 $10 - X = 0.5$, $10 - X = 1$이므로 건조 종자 무게 X의 범위는 $9 < X < 9.5$임을 알 수 있다.

13 ③

채무자인 乙이 실제 수령한 금액인 1,200만 원을 기준으로 최고연이자율 연 30%를 계산하면 360만 원이다. 그런데 선이자 800만 원을 공제하였으므로 360만 원을 초과하는 440만 원은 무효이며, 약정금액 2,000만 원의 일부를 변제한 것으로 본다. 따라서 1년 후 乙이 갚기로 한 날짜에 甲에게 전부 변제하여야 할 금액은 $2,000 - 440 = 1,560$만 원이다.

14 ②

甲~戊의 심사기준별 점수를 산정하면 다음과 같다. 단, 丁은 신청마감일(2014. 4. 30.) 현재 전입일부터 6개월 이상의 신청자격을 갖추지 못하였으므로 제외한다.

구분	거주 기간	가족 수	영농 규모	주택 노후도	사업 시급성	총점
甲	10	4	4	8	10	36점
乙	4	8	10	6	10	38점
丙	6	6	8	10	10	40점
戊	8	6	10	8	4	36점

따라서 상위 2가구는 丙과 乙이 되는데, 2가구의 주소지가 B읍·면으로 동일하므로 총점이 더 높은 丙을 지원하고, 나머지 1가구는 甲, 戊의 총점이 동점이므로 가구주의 연령이 더 높은 甲을 지원하게 된다.

15 ①

인과관계를 나열하면 성적 하락은 업무 숙련도가 떨어지기 때문이고, 이는 코칭이 부족하기 때문이며, 이는 팀장이 너무 바쁘기 때문이고 결국 팀에 할당되는 많은 업무를 팀장이 대부분 직접 하려고 하기 때문이다.

16 ①

ⓐ 2세대 가구에는 핵가족과 확대가족 모두 있기 때문에 알 수 없다. (×)

ⓑ 가구 당 가구원 수를 모르기 때문에 총 인구수를 알 수 없다. (×)

ⓒ 1인 가구는 1명이기 때문에 A지역의 1인 가구 총 인구수는 3,000명, B지역의 1인 가구 총 인구수는 3,500명으로 A지역이 더 적다. (○)

ⓓ A지역은 4,000÷10,000, B지역은 4,000÷8,000으로 B지역이 더 높다. (○)

17 ④

④ 실태조사를 위해선 대화의 방법, 횟수, 시간, 중요성 등을 조사하여야 한다.

18 ③

일정의 최종 결정권한은 상사에게 있으므로 부하직원이 스스로 독단적으로 처리해서는 안 된다.

19 ③

주어진 조건들을 종합하면 A는 파란색 옷 입은 의사, B는 초록색 옷을 입은 선생님, C는 검은색 옷을 입은 외교관, D는 갈색 옷을 입은 경찰이므로 회장의 직업은 경찰이고, 부회장의 직업은 의사이다.

	외교관, 검정 C ↓	의사, 파랑 A ↓
창 가	↑ D 경찰, 갈색	↑ B 선생님, 초록

20 ④

지역가입자 중 공적소득이 많은 것으로 인정되는 자는 생업 목적에 해당하는 근로를 제공한다고 보지 않으므로 근로자에서 제외된다.

① 건설일용근로자는 1개월간 근로일수가 20일 이상인 경우에 사업장 가입자 신고대상이 된다.

② '소득 있는 업무 종사자'가 되므로 조기노령연금 수급권자인 경우에는 다시 사업장 가입자로 신고할 수 있다.

③ 대학 시간강사의 경우 월 60시간 미만인 자로서 생업목적으로 3개월 이상 근로를 제공하기로 한 경우에 신고대상에 해당된다.

21 ②

대학 시간강사의 경우, 1개월의 근로시간이 50시간(60시간 미만)이더라도 생업을 목적으로 3개월 이상의 근로를 제공하게 되면, '근로자에서 제외되는 자'의 조건에서 제외되므로 근로자가 되어 사업장 가입자 자격 취득 신고대상이 된다.

① 2016년에 시행된 규정에 의해 둘 이상 사업장에 근로를 제공하면서 각 사업장의 1개월 소정근로시간의 합이 60시간 이상인 사람으로서 1개월 소정근로시간이 60시간 미만인 사업장에서 근로자로 적용되기를 희망하는 자는 근로자에서 제외되므로 신고대상에서 제외된다.

③ 일용근로자 또는 1개월 미만의 기한을 정하여 사용되는 근로자에 해당되므로 '근로자'의 개념에서 제외되어 신고대상에서 제외된다.

④ 소득이 발생하지 않는 법인의 이사이므로 근로자에서 제외되어 신고대상에서 제외된다.

22 ④

여성의 비율은 $\dfrac{여성}{남성}$ 이므로 1등실이 가장 높고 2등실, 3등실 그리고 승무원의 순으로 낮아진다.

23 ②

A국 : $(60 \times 15) + (48 \times 37) = 900 + 1,776 = 2,676$
만 원

B국 : $(36 \times 15) + (30 \times 35) + (60 \times 2) = 540 + 1,050 + 120 = 1,710$
만 원

따라서 $2,676 - 1,710 = 966$만 원

900만 원 초과 1,000만 원 이하가 정답이 된다.

24 ③

누나의 나이를 x, 엄마의 나이를 y라 하면,

$2(10 + x) = y$

$3(x + 3) = y + 3$

두 식을 연립하여 풀면,

$x = 14$(세)

25 ①

이틀 연속으로 청구된 보상 건수의 합이 2건 미만인 경우는, 첫째 날과 둘째 날 모두 보상 건수가 0건인 경우, 첫째 날 보상 건수가 0건이고 둘째 날 1건인 경우, 첫째 날 보상 건수가 1건이고 둘째 날 0건인 경우가 존재한다.

$\therefore 0.4 \times 0.4 + 0.4 \times 0.3 + 0.3 \times 0.4$

$= 0.16 + 0.12 + 0.12 = 0.4$

26 ②

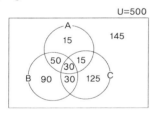

A, B, C 시험에 모두 불합격한 학생은

$500 - (15 + 15 + 50 + 30 + 90 + 30 + 125) = 145$(명)이다.

27 ④

판매 총액은 판매 가격과 판매량을 곱한 값이다.

판매 가격을 $10 + X$라고 하면 판매량은 $360 - 20X$

판매 총액 $= (10 + X) \times (360 - 20X)$

$3,600 - 200X + 360X - 20X^2$

$= -20X^2 + 160X + 3,600$

$= -20(X^2 - 8X) + 3,600 = -20(X - 4)^2 + 3,920$

$X = 4$일 때 판매 총액은 3,920만 원

28 ③

③ 같은 지역 안에서는 월간 가격 비교가 가능하다. '다' 지역의 경우 3월 아파트 실거래 가격지수가 100.0이므로 3월의 가격과 1월의 가격이 서로 같다는 것을 알 수 있다.

① 각 지역의 아파트 실거래 가격지수의 기준이 되는 해당 지역의 1월 아파트 실거래 가격이 제시되어 있지 않으므로 다른 월의 가격도 알 수 없으므로 비교가 불가능하다.

② 아파트 실거래 가격지수가 높다고 하더라도 기준이 되는 1월의 가격이 다른 지역에 비하여 현저하게 낮다면 실제 가격은 더 낮아질 수 있으나 가격이 제시되어 있지 않으므로 비교가 불가능하다.

④ '가' 지역의 7월 아파트 실거래 가격지수가 104.0이므로 1월 가격이 1억 원일 경우, 7월 가격은 1억 4천만 원이 아니라 1억 4백만 원이 된다.

29 ④

2016년의 기초연금 수급률이 65.6%이므로 기초연금 수급률은 65세 이상 노인 수 대비 수급자의 비율이라고 볼 수 있다. 따라서 이에 의해 2009년의 기초연금 수급률을 구해 보면, $3,630,147 \div 5,267,708 \times 100 = 68.9\%$가 된다. 따라서 68.9%와 65.6%와의 증감률을 구하면 된다. 이것은 다시 $(65.6 - 68.9) \div 68.9 \times 100 = -4.8\%$가 된다.

30 ②

1인 수급자는 전체 부부가구 수급자의 약 17%에 해당하며, 전체 기초연금 수급자인 4,581,406명에 대해서는 약 8.3%에 해당한다.

① 기초연금 수급자 대비 국민연금 동시 수급자의 비율은 2009년이 $719,030 \div 3,630,147 \times 100 = 19.8\%$이며, 2016년이 $1,541,216 \div 4,581,406 \times 100 = 33.6\%$이다.

③ 전체 수급자는 4,581,406명이며, 이 중 2,351,026명이 단독가구 수급자이므로 전체의 약 51.3%에 해당한다.

④ 2009년 대비 2016년의 65세 이상 노인인구 증가율은 $(6,987,489 - 5,267,708) \div 5,267,708 \times 100 = $ 약 32.6%이며, 기초연금수급자의 증가율은 $(4,581,406 - 3,630,147) \div 3,630,147 \times 100 = $ 약 26.2%이므로 올바른 설명이다.

31 ①

甲 : 사망자가 공무원의 부모이고, 해당 공무원이 2인 이상 (직계비속인 C와 D)인 경우이므로 사망한 자를 부양하던 직계비속인 공무원인 D가 사망조위금 최우선 순위 수급권자이다.

乙 : 사망자 C는 공무원의 배우자이자 자녀이다. 해당 공무원이 2인 이상(직계존속인 A와 B, 배우자인 D)인 경우이므로 사망한 자의 배우자인 공무원인 D가 사망조위금 최우선 순위 수급자이다.

丙 : 사망자 A 본인이 공무원인 경우로, 사망조위금 최우선 순위 수급자는 사망한 공무원의 배우자인 B가 된다.

32 ①

㉠ 2016년부터 2017년에는 발전량과 공급의무율 모두 증가하였으므로 공급의무량 역시 증가하였을 것이다. 2015년과 2016년만 비교해보면 2015년의 공급의무량은 770이고 2016년의 공급의무량은 1,020이므로 2016년의 공급의무량이 더 많다.

㉡ 인증서구입량은 2015년 15GWh에서 2017년에 160GWh로 10배 넘었지만, 같은 기간 자체공급량은 75GWh에서 690GWh로 10배를 넘지 못하였다. 따라서, 자체공급량의 증가율이 인증서구입량의 증가율보다 작다.

㉢ 각 연도별로 공급의무량과 이행량 및 이 둘의 차이를 계산하면

- 공급의무량= 공급의무율×발전량
  - 2015년= $55,000 \times 0.014 = 770$
  - 2016년= $51,000 \times 0.02 = 1,020$
  - 2017년= $52,000 \times 0.03 = 1,560$
- 이행량= 자체공급량+ 인증서구입량
  - 2015년= $75 + 15 = 90$
  - 2016년= $380 + 70 = 450$
  - 2017년= $690 + 160 = 850$
- 공급의무량과 이행량의 차이
  - 2015년= $770 - 90 = 680$
  - 2016년= $1,020 - 450 = 570$
  - 2017년= $1,560 - 850 = 710$

2016년의 경우 전년에 비하여 공급의무량과 이행량의 차이가 감소한다.

㉣ 이행량은 자체공급량과 인증서구입량의 합으로 구하므로 이행량에서 자체공급량이 차지하는 비중 대신에 인증서구입량 대비 자체공급량의 배율로 바꾸어 생각해보면

2015년= $\frac{75}{15} = 5$

2016년= $\frac{380}{70} = 5.4$

2017년= $\frac{690}{160} = 4.3$

2016년에는 값이 5를 초과하지만 2017년에는 5 미만이 된다. 그러므로 2016년에서 2017년으로 갈 때 이행량에서 자체공급량이 차지하는 비중은 2016년에는 증가, 2017에는 감소하였다.

33 ④

연도별 각 지역의 대형마트 수는 다음과 같다.

지역	2011년	2012년	2013년	2014년
A	13	15	16	15
B	10	11	11	10
C	9	8	9	6
D	8	7	4	6

따라서 2011년 대형마트 수가 가장 많은 지역은 A, 가장 적은 지역은 D이다.

34 ②

② 진단서 없이 6일간의 병가를 모두 사용 후 부상으로 인한 지각·조퇴·외출 누계가 9시간이어서 병가 1일이 추가된다. 연간 누계 7일째 되는 시점부터는 진단서를 제출해야 한다.

35 ③

김씨 : $(24 \times 5) - (6 \times 3) + (16 \times 10) - (4 \times 5) = 242$

이씨 : $(20 \times 5) - (10 \times 3) + (19 \times 10) - (1 \times 5) = 255$

정씨 : $(28 \times 5) - (2 \times 3) + (15 \times 10) - (5 \times 5) = 259$

36 ④

②③은 F가 E에 대한 검사보다 나중에 시작될 수 없다는 조건과 모순된다. ①은 A에 대한 검사가 C 또는 D 중 적어도 어느 한 명에 대한 검사보다는 먼저 시작되어야 한다는 조건에 모순된다. 따라서 가능한 답은 ④이다.

37 ④

남성 지원자만을 선발하거나 여성 지원자만을 선발할 수 없으므로 남성과 여성을 섞어 2명을 반드시 선발해야 한다. 그러나 추천을 받은 지원자 중에서 1명을 초과하여 선발할 수 없으며 같은 학교 출신 지원자는 1명을 초과하여 선발할 수 없으므로 선발 가능한 경우는 (A, D), (C, D)이다. 따라서 반드시 선발되는 사람은 D이다.

38 ④

팀	오류 발생률	영업실적	고객만족	목표달성	합계
A	4위(1점)	2위(3점)	3위(2점)	3위(2점)	8점
B	3위(2점)	4위(1점)	1위(4점)	4위(1점)	8점
C	1위(4점)	3위(2점)	4위(1점)	2위(3점)	10 + 1 - 3 = 8점
D	2위(3점)	1위(4점)	2위(3점)	1위(4점)	14 + 1 + 5 = 20점

39 ④

통역료는 통역사 1인 기준으로 영어 통역은 총 4시간 진행하였으므로 기본요금 500,000원에 추가요금 100,000원을 합쳐 600,000원을 지급해야 한다. 인도네시아어 통역사에게는 2시간 진행하였으므로 기본요금 600,000원만 지급한다.

- 영어, 인도네시아 언어별로 2명에게 통역을 맡겼으므로
  $(600,000 + 600,000) \times 2 = 2,400,000$ 원
- 출장비의 경우 통역사 1인 기준 교통비는 왕복실비인 100,000원으로 4회 책정되므로 400,000원
- 이동보상비는 이동 시간당 10,000원 지급하므로 왕복 4시간을 이동하였으므로
  $10,000 \times 4 \times 4 = 160,000$ 원

총 출장비는 교통비와 이동보상비를 합한 560,000원
총 통역경비는 $2,400,000 + 560,000 = 2,960,000$ 원

40 ①

두 사람이 받게 될 수당을 계산하여 표로 정리하면 다음과 같다.

	시간 외 근무	야간 근무	휴일 근무	합계
오 과장	320×1.5÷2 00×18 =43.2만 원	320×0.5÷ 200×4 =3.2만 원	320×0.5÷2 00×8 =6.4만 원	52.8 만 원
권 대리	280×1.5÷2 00×22 =46.2만 원	280×0.5÷ 200×5 =3.5만 원	280×0.5÷2 00×12 =8.4만 원	58.1 만 원

따라서 두 사람의 수당 합계 금액은 52.8+58.1=110.9만 원이 된다.

41 ④

4차 산업혁명 도래에 따른 대응 방안 보고서에는 현 수준에 대한 진단과 이를 통한 SWOT 분석이 제시되어 있다. 이때, 남 주임은 "지출 절감을 통한 시(市) 예산 기여 및 시민만족도 재고를 위해 기존 보유하고 있는 기술의 유지관리가 요구된다."고 하였다. 예산 기여에 대한 타당성은 인정되나, 공단의 SWOT분석을 보면 강점(S)으로 신기술 도입에 대한 경영진의 의지가 있으며 약점(W)으로 시대적 변화에 대응력이 미흡함이 나타난다. 이에 기존 보유하고 있는 기술의 유지관리보다는 공격적 전략(SO)으로 신기술을 통한 사업운영 효율화가 요구된다.

① 박 과장은 "과학기술혁명이 몰고 올 기회와 위협 앞에 조직구조 및 시스템 변화가 시급하며, 전문 인력 채용 및 대비책 마련이 불가피하다."고 했다. 노동집약적인 현재의 구조와 시대적 변화의 대응력 미흡에 대한 대책으로 타당하다.

② 이 대리는 "과학기술과 사회문화적 변화에 따른 제도적 보완으로 시(市) 주무부서와의 협력이 요구된다."고 했다. '협치서울협약 선언'등으로 협업 환경 조성을 위해 타당성이 인정된다.

③ 허 주임은 "의회 조례개정 등을 통한 제도적 환경개선이 필요하며, 시대적 변화를 준비하기 위해 직원 개개인의 능동적인 동참이 요구된다."고 했다. 이 대리와 마찬가지로 타당성이 인정된다.

42 ②

커피점 환경 분석 결과 강점(S), 약점(W), 기회(O), 위협(T)이 제시되어 있다.

① SO전략(강점-기회 전략) : 가치 중심적 구매 행태가 확산되고 1인당 커피 소비량이 증가하는 기회가 주어졌다. 이에, 가격할인보다는 자사의 Q사의 강점인 강력한 브랜드파워와 커스터마이징 전략을 활용하여 구매를 극대화해야 한다.

② WO전략(약점-기회 전략) : Q사의 약점으로는 비싼 제품 가격에 대한 부정적 인식과 타사와 쉽게 차별화되지 않는 제품의 맛이 지적되고 있다. 따라서 타사에 대한 벤치마킹을 통해 신제품 개발에 착수 함으로써 타사와는 구별되면서도 가격할인을 도모할 수 있는 방법을 모색해야 한다.

③ ST전략(강점-위협 전략) : Q사의 위협요인으로는 품질 저하, 불합리한 공정에 관한 사회적 인식 증대, 커피 전문점 브랜드의 난립이 제시되어 있다. 이와 같은 상황에서는 제품 라인 축소 보다는 부정적 인식에 대하여 자사의 강력한 브랜드 파워를 활용하여 인식 전환을 할 수 있는 방안을 모색해야 한다.

④ WT전략(약점-위협 전략) : Q사는 외부환경의 위협요인을 회피하면서 자사의 약점을 보완하는 전략을 취해야 한다. '공정무역원두만을 사용한 커피 판매의 경우'일부 부정적 인식 개선에만 대응할 수 있다. 기존 제품 그대로 판매하되 가격할인을 제공하는 형태의 방어적 전략이 적절하다.

43 ①

직원	성공추구 경향성과 실패회피 경향성	성취행동 경향성
갑	성공추구 경향성 = 4 × 0.8 × 0.3 = 0.96	0.96 − 0.28 = 0.68
	실패회피 경향성 = 2 × 0.2 × 0.7 = 0.28	
을	성공추구 경향성 = 3 × 0.4 × 0.6 = 0.72	0.72 − 0.24 = 0.48
	실패회피 경향성 = 1 × 0.6 × 0.4 = 0.24	
병	성공추구 경향성 = 4 × 0.3 × 0.8 = 0.96	0.96 − 0.42 = 0.54
	실패회피 경향성 = 3 × 0.7 × 0.2 = 0.42	

44 ④

A : 콜센터를 포함하면 11개의 팀으로 구성되어 있다.

45 ②

제시된 그림의 조직구조는 기능적 조직구조의 형태를 갖는다. 환경이 안정적이거나 일상적인 기술, 조직의 내부 효율성을 중요시하며 기업의 규모가 작을 때에는 업무의 내용이 유사하고 관련성이 있는 것들을 결합해서 제시된 그림과 같이 '기능적 조직구조' 형태를 이룬다. 또한, 급변하는 환경변화에 효과적으로 대응하고 제품, 지역, 고객별 차이에 신속하게 적응하기 위해 분권화된 의사결정이 가능한 '사업별 조직구조' 형태를 이룰 필요가 있다. 사업별 조직구조는 개별 제품, 서비스, 제품그룹, 주요 프로젝트나 프로그램 등에 따라 조직화되며 제품에 따라 조직이 구성되고 각 사업별 구조 아래 생산, 판매, 회계 등의 역할이 이루어진다. 한편, 업무적 중요도나 경영의 방향 등의 요소를 배제하고 단순히 산하 조직 수의 많고 적음으로 해당 조직의 장의 권한이 결정된다고 볼 수 없다.

46 ①

인사노무처는 인력을 관리하고, 급여, 노사관리 등의 지원 업무가 주 활동이므로 지원본부, 자원기술처는 생산기술이나 자원 개발 등에 관한 기술적 노하우 등 자원 활용기술 업무가 주 활동이라고 판단할 수 있으므로 기술본부에 속하는 것이 가장 합리적인 조직 배치라고 할 수 있다.

47 ②

'갑' 기업의 상설 조직은 공식적, '을' 기업의 당구 동호회는 비공식적 집단이다. 공식적인 집단은 조직의 공식적인 목표를 추구하기 위해 조직에서 의도적으로 만든 집단이다. 따라서 공식적인 집단의 목표나 임무는 비교적 명확하게 규정되어 있으며, 여기에 참여하는 구성원들도 인위적으로 결정되는 경우가 많다.

48 ①

㈎ 위계를 강조하는 조직문화 하에서는 조직 내부의 안정적이고 지속적인 통합, 조정을 바탕으로 일사불란한 조직 운영의 효율성을 추구하게 되는 특징이 있다. 조직원 개개인의 능력과 개성을 존중하는 모습은 혁신과 관계를 지향하는 조직문화에서 찾아볼 수 있는 특징이다.

49 ①

가격경쟁력을 확보하고자 하는 것은 원가우위 전략에서 실시하는 세부 전략 내용이다. 원가를 낮춰 더 많은 고객을 확보하는 것이 원가우위 전략의 기본 목표이므로 이러한 전략이 과도할 경우 매출만 신장될 뿐 수익구조가 오히려 악화될 우려가 있다.
한편, 차별화 전략은 여러 세분화된 시장을 표적 시장으로 삼아 이들 각각에 독특한 상품을 제공하고자 하는 전략으로 차별적 마케팅을 추진하기 위하여 많은 비용이 수반된다. 또한, 상품과 시장이 다양해져 그에 따른 관리 비용 역시 많아진다는 것이 가장 큰 단점이라고 할 수 있다.

50 ④

㈎ 경영목적, ㈏ 인적자원, ㈐ 마케팅, ㈑ 회계관리, ㈒ 자금, ㈓ 경영전략에 대한 설명이다. 조직 경영에 필요한 4대 요소는 경영목적, 인적자원, 자금, 경영전략이다.

51 ③

타인에 의한 외부적인 동기부여가 효율적이라고 생각한다.

52 ②

전문 의식이란 전문적인 기술과 지식을 갖기 위해 노력하는 자세이고, 연대 의식이란 직업에 종사하는 구성원이 상호 간에 믿음으로 서로 의존하는 의식이다.

53 ②

㉠ '긍지와 자부심을 갖고'는 소명 의식을 의미한다.
㉡ 홀랜드의 직업 흥미 유형은 실재적 유형이다.
㉢ 직업의 경제적 의의보다 개인적 의의를 중요시하고 있다.
㉣ 항공기 정비원은 한국 표준 직업 분류 중 기능원 및 관련 기능 종사자에 해당한다.

54 ④

① 근면에 대한 내용이다.
② 책임감에 대한 내용이다.
③ 경청에 대한 내용이다.

55 ①

㉮ 개인의 소질, 능력, 성취도를 최우선으로 하여 직업을 선택하는 업적주의적 직업관이다.
㉯ 개인의 욕구 충족을 중요시하는 개인중심적 직업관이다.

56 ④

직업별 윤리에는 노사 관계에서의 근로자 및 기업가의 윤리, 공직자의 윤리, 직종별 특성에 맞는 법률, 법령, 규칙, 윤리 요강, 선언문 등의 행위 규범이 있다.

57 ③

③ 타협하거나 부정직을 눈감아 주지 말아야 한다.

58 ④

건배 시에 잔을 부딪칠 때에는 상위자의 술잔보다 높게 들지 않아야 한다. 다시 말해, 회식자리에서도 상하 구분이 존재하므로 상위자 (상사)보다는 잔을 높이 들면 안 되며, 더불어서 상위자 (상사)보다 먼저 술잔을 내려놓지 않는다.

59 ④

김 대리가 윤리적 가치를 준수하고 있는 가장 큰 이유는, 그것이 어떻게 살 것인가 하는 가치관의 문제와도 관련이 있기 때문이다. 그러한 가치는 눈에 보이는 경제적 이득과 육신의 안락만을 추구하는 것이 아니고, 삶의 본질적 가치와 도덕적 신념을 존중하기 때문에 윤리적으로 행동해야 한다는 것을 말해 주고 있는 것이다.

60 ②

Jeep류의 차종인 경우 (문이 2개)에는 운전석의 옆자리가 상석이 된다.

1 ③

③ 말단비대증의 경우 코와 입술도 두터워지는 증상이 나타난다.

2 ①

닫힌 상태는 부가적 움직임이 최소인 것으로 서 있는 동안을 예로 들 수 있다.

3 ②

다리를 담당하는 대뇌 부위는 대뇌 반구의 내측 사이드이며, 여기에 혈액 공급을 담당하는 동맥은 앞대뇌동맥이다. 환자가 왼쪽 다리에 감각이 없으므로 오른쪽 앞대뇌동맥의 폐색 가능성이 가장 높다.

4 ⑤

⑤ 셋째손가락과 셋째발가락이 절대적 기준이 되는 것이 아니고 중심선에서 멀어지는 운동을 의미한다.

5 ④

사람융모생식샘자극호르몬은 수정란이 착상된 후 형성되는 태반의 영양막세포에서 합성된다.

6 ②

ⓐ **반힘줄근(Semitendinosus)**
• 이는곳(origin) : 궁둥뼈 결절
• 닿는곳(insertion) : 정강뼈 위, 안쪽면
• 작용 : 엉덩관절 폄과 무릎관절 굽힘, 무릎관절 안쪽돌림

ⓔ **반막근(Semimembranosus)**
• 이는곳(origin) : 궁둥뼈 결절
• 닿는곳(insertion) : 정강뼈 안쪽관절융기 뒷면
• 작용 : 엉덩관절 폄과 무릎관절 굽힘

ⓗ **오금근(Popliteus)**
• 이는곳(origin) : 넙다리뼈 바깥쪽관절융기
• 닿는곳(insertion) : 정강뼈 안쪽관절융기 뒷면
• 작용 : 무릎관절 굽힘

7 ②

② 어깨세모근은 네모공간으로 통과되므로 신경전달 과정에서 압박을 받으며 약화될 가능성이 높다.

8 ④

정상 임신의 경우 주머니배는 자궁에 위치한다. 자궁외 임신 중 90% 이상은 난관임신으로, 난관에서 수정된 수정란이 자궁으로 이동하지 못하고 난관에 착상하는 경우이다.

9 ①

ⓒ 유산소 운동능력이 발달되면 미토콘드리아의 수와 밀도가 증가하는 반면 운동을 중단하면 반대의 효과를 가져와 감소하게 된다.
ⓔ 최대심박수는 개인이 달성할 수 있는 최대의 심박수의 1분간 값인데 사람에게 최대강도의 운동부하를 줄 때의 심박수를 최대심박수라 한다. 연령에 따라서 달라진다.

10 ①

자극에 의해 안정막전압이 역치전압에 도달하면 방아쇠구역의 나트륨 통로가 열리고, 세포 밖의 나트륨이 세포 내로 확산되어 들어온다.

11 ③

24시간 동안 암모늄이온 60mmol과 적정가능산 30mmol이 배출되었는데 여기서 중탄산염의 양만큼 산을 중화시킬 수 있으므로 이 남성의 콩팥을 통해 배출되는 산의 총량은 60 + 30 − 20 = 70mmol/day이다.

12 ③

ⓐⓑ 안에서 밖으로 나가는 원심성 신경과 밖에서 안으로 들어오는 구심성 신경에 대한 설명이다.
ⓒ 근방추는 근육의 신전에 관한 정보를 전달하는데 근이 신전되어 감각신경이 자극을 받으면 감각신경을 통해 중추신경계로 전달되며 중추신경계는 추외근 섬유의 알파 운동 신경을 자극해 근을 수축시킨다.
ⓔ 골지건기관은 근의 수축에 관한 정보를 전달한다. 운동중추는 알파 운동 신경에 억제성 자극을 가하거나 길항근을 흥분시킴으로써 지나친 수축에 의한 부상을 예방할 수 있다.

13 ③

심장은 수축기에 혈액이 계속적으로 심실 내로 유입되어 심실 내의 압력이 심방압을 초과하면 방신간의판막(삼첨판, 이첨판)이 닫히게 되고, 심실근의 긴장이 증가되어 수축이 이뤄진다. 심실의 내압이 대동맥압을 초과하면서 대동맥판과 폐동맥판이 열리고 혈액이 온몸과 폐로 흘러가는 심실수축기가 진행된다. 이때 심실의 용적은 변화가 없고 압력이 증가된다.

14 ①

자연기흉은 흉막 하 소기포가 터지거나, 폐렴, 폐농양, 백일해와 같은 폐질환시에 발생할 수 있으며 주로 키가 크고 마른 체형의 젊은 남성에게서 나타난다. 그 중에서도 1차성 기흉은 폐질환이 없는 상태에서 발생하는 것으로 흉막하소기포가 터지면서 일어나는 것을 말하며, 2차성 기흉은 폐질환을 동반한 기흉을 의미한다.

외상성 기흉은 외상에 의해 개방된 상처가 있는 사람에게 발생하는 개방성 기흉과, 흉강으로의 공기 유입은 쉽지만 공기의 배출이 어려운 긴장성 기흉으로 나눌 수 있다. 긴장성 기흉의 경우 기흉이 발생한 쪽의 폐가 쪼그라들 뿐 아니라 반대편에 있는 심장도 눌러 호흡곤란, 청색증, 저혈압을 유발하게 된다.

15 ③

분열 초기 염색질에서 염색체로 응축되며 분열 중기에 적도면에 염색체가 배열하고 분열 후기에는 두 염색분체가 방추사에 의해 분리된다.

16 ④

시트르산 회로는 사립체 기질에서 일어나는 과정이고 나머지는 세포질에서 일어나는 과정이다.

17 ②

제시된 내용은 다능성줄기세포에 대한 설명이다. 다능성줄기세포는 기본적으로 내배엽·중배엽·외배엽의 모든 계보(系譜)세포로 분화하는 능력을 갖추고 있으며, 미분화성과 정상핵형을 유지한 상태로 자가증식능을 갖는다.

18 ④

우울증은 신경세포접합부의 세로토닌 감소에서 발생한다. 세로토닌은 트립토판으로부터 합성된다.

19 ①

신생아 황달의 경우 어떤 원인 이유로 인해 적혈구의 파괴가 증가하면서 헴이 분리되어 나오고 헴 대사의 산물인 불포합 빌리루빈이 대량으로 발생되어 체내에 축적되기 때문에 나타난다.

20 ①

고밀도 지단백인 HDL은 혈장 콜레스테롤의 양을 낮추어 주기 때문에 좋은 콜레스테롤이라고 불리기도 한다.

21 ⑤

스테로이드는 3개의 6각형 고리와 하나의 5각형 고리로 구성된 화합물로 세포막을 구성하고 성장호르몬, 부신피질호르몬, 비타민 D 등의 합성 전구체로 이용된다.

22 ②

죽상동맥경화증은 혈관의 가장 안쪽 막(내피)에 콜레스테롤 침착이 일어나고 혈관 내피세포의 증식이 일어나 혈관이 좁아지거나 막히게 되어 그 혈관이 말초로의 혈류 장애를 일으키는 질환으로, 복부 대동맥에서 가장 호발하며 관상동맥, 뇌동맥, 신동맥 등 어느 정도 크기 이상의 동맥에서 주로 발생한다.

23 ③

고프로락틴혈증은 혈중 프로락틴 농도가 정상보다 높은 상태로 불임, 무월경, 남성에서의 여유증과 유즙 분비, 성욕 감소 등의 증상이 나타날 수 있다.

24 ②

식도 폐쇄의 가장 흔한 형태는 말단 누를 동반한 하부 식도와 기도가 연결된 형태이다.

25 ①

우관상동맥은 주로 좌심실의 뒤쪽벽에 혈류를 공급한다. 따라서 좌심실 뒤쪽벽에 경색이 발생한 환자는 우관상동맥이 막혔을 가능성이 가장 크다.

26 ④

항원-항체 면역 반응이 원인이 되어 발생하는 급격한 과민 반응인 Anaphylaxis 증세이다. 항원이 들어오면 IgE, 비만 세포, 호산구가 반응해서 히스타민 등 다양한 물질을 분비하는데, 이것이 혈관 확장, 혈관의 투과도를 증가시키면서 말초혈관 저항을 감소시켜 혈압이 급격하게 떨어져 과민성 쇼크가 발생한다.

27 ⑤

파킨슨병은 중뇌에 존재하는 흑색질 부분의 도파민 세포 사멸에 의해 나타나는 질환이다. 주된 병리학 소견으로 루이 소체(Lewy body)가 관찰되는데, 이는 알파시누클레인 이상으로 인한 비정상적 물질의 축적에 기인한다.

28 ⑤

이질아메바 감염증은 대부분 아메바 포낭에 오염되어 있는 음식물이나 물을 섭취하여 감염된다. 보통 2~4주의 잠복기를 거쳐 점액성 설사, 발열, 구토 등의 증세를 보인다.

29 ②

장티푸스균에 의한 장티푸스를 의심해 볼 수 있다.
① 대장균
② 장티푸스균
③ 황색포도상구균
④ 녹농균
⑤ 디프테리아균

30 ②

② 마이코플라즈균은 균이 작고 세포벽이 없기 때문에 일반 세균염색 시약에 염색되지 않기 때문에 현미경 검사는 유용하지 않다.

31 ②

전구증상은 어떤 질환의 증후가 나타나기 전에 일어나는 증상으로, 바이러스 질환의 진행단계 중 잠복기에 나타난다.

32 ⑤

Clostridium tetani가 발육하면서 생성하는 신경독소인 tetano-spamin에 의한 질병은 파상풍이다. 파상풍의 징후로는 개구불능, 목강직, 연하곤란, 복근경직 및 체온상승 등이 있다.

33 ④

수막염균은 수막염 및 뇌막구균성 질환을 일으킬 수 있는 세균이다.

34 ⑤

유전자재배열은 유전자단위의 변이가 아니라 유전자가 정돈된 집단을 단위로 하는 재배열 또는 유전자집단의 내부구조의 재배열 등에 의해 유전자의 수량, 조합, 나열 방법에 변화가 생기는 경우를 총칭한다.

35 ②

T림프구는 백혈구의 일종으로 림프구중 4분의 3을 차지하며 백혈구 중에서도 30% 정도를 차지한다. 주로 세포성 면역에 관여하며 면역 기능이나 알레르기와 관련이 있다.

36 ③

③ 오징어와 조개류 등은 표피나 아가미, 내장 등을 충분히 세척·가열하지 않고 섭취할 경우 장염비브리오균에 감염될 수 있다.

37 ④

① 세포성 면역에는 T림프구의 역할이 중요하다.
② IgE는 연충 감염에서 크게 증가하는 모습을 보인다.
③ 기생충이 만성감염을 지속할 수 있는 것은 숙주의 면역 방어를 피하는 기전이 있기 때문이다.
⑤ 기생충 감염에 의해 면역계가 작동하여 나타나는 면역은 획득면역이다.

38 ②

개조충의 전파양식은 절족동물매개성이고, 나머지는 접촉감염성이다.

39 ⑤

법적으로 인공임신중절수술 허용기간은 임신 24주이다. 톡소플라스마증은 톡소포자충의 감염에 의해 일어나며 여성이 임신 중에 감염될 경우 유산과 불임을 포함하여 태아에 이상을 유발할 수 있으므로 본인과 배우자 동의하에 임신중절 수술을 하는 것이 가장 바람직하다.

40 ⑤

① 폐흡충 – 제1중간숙주는 다슬기, 제2중간숙주는 가재, 게
② 간흡충 – 제1중간숙주는 쇠우렁이, 제2중간숙주는 담수어(붕어, 잉어 등)
③ 무구조충 – 소
④ 유구조충 – 돼지

41 ②

머릿니에 대한 설명이다. 머릿니와 몸니는 형태학적으로 거의 동일하며 기생부위에서 그 특이성이 있다.

42 ④

④ 인체스파르가눔증의 경우 충체가 주로 피하에서 이동한다.

43 ③

낭미충증의 주요 증상으로는 간질발작, 두통, 시각장애, 감각이상 등이 있다. 낭미충이 성장하는 동안 주위에는 염증과 육아종이 생기고 점차 섬유조직이 낭미충을 둘러싸게 된다. 낭미충이 죽은 다음에는 석회화한다.

44 ②

사회보장급여의 수준〈「사회보장기본법」 제10조〉
① 국가와 지방자치단체는 모든 국민이 건강하고 문화적인 생활을 유지할 수 있도록 사회보장급여의 수준 향상을 위하여 노력하여야 한다.
② 국가는 관계 법령에서 정하는 바에 따라 최저보장수준과 최저임금을 매년 공표하여야 한다.
③ 국가와 지방자치단체는 제2항에 따른 최저보장수준과 최저임금 등을 고려하여 사회보장급여의 수준을 결정하여야 한다.

45 ③

① 공공부조에 대한 설명이다.
② 사회보험에 대한 설명이다.
④ 사회보험에 해당한다.
⑤ 사회서비스의 특징에 해당한다.

46 ⑤

국민연금심의위원회〈「국민연금법」 제5조 제1항〉 … 국민연금사업에 관한 다음 사항을 심의하기 위하여 보건복지부에 국민연금심의위원회를 둔다.
1. 국민연금제도 및 재정 계산에 관한 사항
2. 급여에 관한 사항
3. 연금보험료에 관한 사항
4. 국민연금기금에 관한 사항
5. 그 밖에 국민연금제도의 운영과 관련하여 보건복지부장관이 회의에 부치는 사항

47 ①

① 국민연금은 가입 이후 10년 이상 납입하면 수령할 수 있다.

48 ③

① 최저생활 보호의 원리에 대한 설명이다.
② 생존권 보장의 원리에 대한 설명이다.
④ 자립 조성의 원리에 대한 설명이다.
※ **공공부조의 원리 및 원칙**
　㉠ 공공부조의 6대 원리
　　• 생존권 보장의 원리 : 국민은 생활이 어렵게 되었을 때 자신의 생존을 보장 받을 수 있는 권리가 법적으로 인정된다.
　　• 국가책임의 원리 : 빈곤하고 생활 능력이 없는 국민에 대해서는 궁극적으로 국가가 책임지고 보호한다.
　　• 최저생활 보호의 원리 : 단순한 생계만이 아니라 건강하고 문화적인 수준을 유지할 수 있는 최저한도의 생활이 보장되어야 한다.
　　• 무차별 평등의 원리 : 사회적 신분에 차별 없이 평등하게 보호받을 수 있어야 한다.
　　• 자립 조성의 원리 : 자립적이고 독립적으로 사회생활에 적응해 나갈 수 있도록 돕는다.
　　• 보충성의 원리 : 수급자가 최저한도의 생활을 유지할 수 없는 경우에 최종적으로 그 부족분을 보충한다.

ⓒ 공공부조의 6대 원칙
- 신청보호의 원칙 : 우선적으로 국가에게 보호신청을 한 후 직권보호를 받는다.
- 기준과 정도의 원칙 : 대상자의 연령, 세대구성, 소득관계 및 자산 조사를 통해 부족분만을 보충한다.
- 필요즉응의 원칙 : 무차별 원리에 대한 보완적 성격으로 보호 신청이 있을 시 즉시 보호 여부를 결정해야 한다.
- 세대단위의 원칙 : 공공부조는 세대를 단위로 하여 그 서비스의 필요여부 및 정도를 결정한다.
- 현금부조의 원칙 : 수급권자의 낙인감과 불신을 최소화하기 위해 금전 급여를 원칙으로 한다.
- 거택보호의 원칙 : 수급권자가 거주하는 자택에서 공공부조가 제공된다.

49 ④

국민건강보험법 제62조 ⋯ 요양급여비용을 심사하고 요양급여의 적정성을 평가하기 위하여 건강보험심사평가원을 설립한다.

50 ④

④ 민간보험의 보험료 부과방식에 대한 설명이다. 사회보험은 소득수준에 따른 차등부과방식이다.

제3회 정답 및 해설

✎ **직업기초능력평가**

1 ③

○○공사의 '열효율개선사업'은 취약계층 이용·거주 시설 및 저소득가구를 대상으로 보일러 및 바닥 등 열효율개선을 위한 보수 공사를 지원하는 사업이다. 병은 "사회복지시설 및 지자체가 추천한 업체가 시공을 담당"할 것으로 보는데, 공고문에는 그 대상이 '사회적 기업 시공업체 등'으로 명시되어 있으므로 잘못 이해하였다.

① 열효율개선사업은 전국이 아닌 강원도, 경기도, 경상북도, 대구광역시, 서울특별시, 충청북도, 제주특별자치도를 대상으로 한다.

② 신청기간까지 우편소인 도착분을 인정한다고 공고하였으므로 온라인이 아닌 우편신청을 전제하고 있다.

④ 2년 이내 관련 지원을 받은 대상의 경우 신청은 가능하나 심사과정에서 선정 우선순위에서 차순위로 밀려날 수 있다.

2 ①

문서 작성의 일반원칙 제5항에 의거하여 연·월·일의 글자는 생략하고 그 자리에 온점(.)을 찍어 표시한다. '2021년 7월 18일'은 '2021. 7. 18.'로, 시·분은 24시각제에 따라 쌍점을 찍어 구분하므로 '오후 11시 30분'은 '23:30'으로 표기해야 한다.

② 문서의 성립 및 효력발생 제3항에 의거하여 문서의 효력은 시기를 구체적으로 밝히고 있지 않으면 즉시 효력이 발생하는 것이 아니고 고시 또는 공고가 있는 날부터 5일이 경과한 때에 발생한다.

③ 문서의 성립 및 효력발생 제2항에 의거하여 전자문서의 경우 수신자가 확인하지 않더라도 지정한 전자적 시스템에 입력됨으로써 효력이 발생한다.

④ 문서 작성의 일반원칙 제2항에 의거하여 문서의 내용은 일반화되지 않은 약어와 전문 용어 등의 사용을 피하여야 한다.

3 ④

기타사항에 3개월 인턴 후 평가(70점 이상)에 따라 정식 고용 여부를 결정한다고 명시되어 있다.

4 ③

고객이 원하는 3기가 이상의 인터넷과 1회 컬러링이 부가된 것은 55요금제이다.

5 ③

55요금제는 매월 3기가의 인터넷과 120분의 통화, 1회의 컬러링이 무료로 사용할 수 있다.

6 ①

조건에 따르면 영업과 사무 분야의 일은 A가 하는 것이 아니고, 관리는 B가 하는 것이 아니므로 'A – 관리, B – 사무, C – 영업, D – 전산, E – 홍보'의 일을 하게 된다.

7 ③

㉠ "옆에 범인이 있다."고 진술한 경우를 ○, "옆에 범인이 없다."고 진술한 경우를 ×라고 하면

1	2	3	4	5	6	7	8	9
○	×	×	○	×	○	○	○	×
							시민	

• 9번이 범인이라고 가정하면
9번은 "옆에 범인이 없다.'고 진술하였으므로 8번과 1번 중에 범인이 있어야 한다. 그러나 8번이 시민이므로 1번이 범인이 된다. 1번은 "옆에 범인이 있다."라고 진술하였으므로 2번과 9번에 범인이 없어야 한다. 그러나 9번이 범인이므로 모순이 되어 9번은 범인일 수 없다.

• 9번이 시민이라고 가정하면
9번은 "옆에 범인이 없다."라고 진술하였으므로 1번도 시민이 된다. 1번은 "옆에 범인이 있다."라고 진술하였으므로 2번은 범인이 된다. 2번은 "옆에 범인이 없다."라고 진술하였으므로 3번도 범인이 된다. 8번은 시민인데 "옆에 범인이 있다."라고 진술하였으므로 9번은 시민이므로 7번은 범인이 된다. 그러므로 범인은 2, 3, 7번이고 나머지는 모두 시민이 된다.

ⓛ 모두가 "옆에 범인이 있다."라고 진술하면 시민 2명, 범인 1명의 순으로 반복해서 배치되므로 옳은 설명이다.

ⓒ 다음과 같은 경우가 있음으로 틀린 설명이다.

1	2	3	4	5	6	7	8	9
○	○	○	○	○	○	○	×	○
범인	시민	시민	범인	시민	범인	시민	시민	시민

8 ②

김 씨는 메모를 하는 습관을 길러 자신의 부족함을 메우고 자신만의 데이터베이스를 구축하여 모두에게 인정을 받게 되었다.

9 ②

위 문서는 기안서로 회사의 업무에 대한 협조를 구하거나 의견을 전달할 때 작성하며, 흔히 사내 공문서라고도 한다.

10 ④

④ 문단에 따르면 하급심 판결이더라도 당사자들 간에 상소하지 않기로 합의하고 합의서를 제출할 경우 판결은 선고 시인 11월 1일에 확정되므로 장 팀장이 옳은 판단을 내렸다.

① ③ 문단에 따르면 상소는 패소한 당사자가 송달받은 날로부터 2주 이내에 해야 한다. 오 주임은 상소를 언급하고 있는데 승소한 乙은 상소하지 않는다.

② ③ 문단에 따르면 甲이 패소하였으므로, 상소기한은 甲이 송달받은 10일부터 2주 이내인 24일이다.

③ ③ 문단 마지막에 따르면 상소를 취하한 경우 상소기간 만료 시에 판결이 확정됨을 명시하고 있다.

11 ①

A씨 : 초등학교 2학년 이하의 자녀 양육이므로 육아휴직의 요건에 해당된다. (○)

B씨 : 배우자 동반 휴직에 해당되므로 3년 이내의 휴직이 허용되며, 4년을 원할 경우, 2년 연장을 하여야 한다. 최초 4년을 한 번에 사용할 수 없으며 다른 휴직 유무와는 관계없다. (×)

C씨 : 질병 휴직을 1년 연장하여 2년간 사용하는 경우에 해당되므로 병원 진단서와 관계없이 우선 2년 후 복직을 하여야 한다. (○)

D씨 : 간병 휴직의 기간이 총 3년 6개월이 되어 재직 중 3년 이내라는 규정에 맞지 않게 된다. (×)

12 ③

① 19일 수요일 오후 1시 울릉도 도착, 20일 목요일 독도 방문, 22일 토요일은 복귀하는 날인데 좋아는 매주 금요일에 술을 마시므로 멀미로 인해 선박을 이용하지 못한다. 또한 금요일 오후 6시 호박엿 만들기 체험도 해야 한다.

② 20일 목요일 오후 1시 울릉도 도착, 독도는 화요일과 목요일만 출발하므로 불가능

③ 23일 일요일 오후 1시 울릉도 도착, 24일 월요일 호박엿 만들기 체험, 25일 화요일 독도 방문, 26일 수요일 포항 도착

④ 25일 화요일 오후 1시 울릉도 도착, 27일 목요일 독도 방문, 28일 금요일 호박엿 만들기 체험은 오후 6시인데, 복귀하는 선박은 오후 3시 출발이라 불가능

13 ③

내용을 보면 박 대리는 공적인 업무를 처리하는 과정에서 출판사 대표와의 사적인 내용을 담아 출판사 대표와 자신이 근무하는 회사에 피해를 안겨준 사례이다.

14 ④

정보를 통해 정리해 보면 다음과 같다.

G → D → E → A → C → B → F

15 ②

합리적 의사결정의 조건으로 회의에서 논의된 내용이 투명하게 공개되어야 한다는 조건을 명시하고 있으나, ㉠과 ㉢에서는 비공개주의를 원칙으로 하고 있기 때문에 조건에 위배된다.

16 ②

② 다른 나라에 진출한 타 기업 수 현황 자료는 '다른 나라와의 경제적 연대 증진'이라는 해외 시장 진출의 의의를 뒷받침하는 근거 자료로 적합하지 않다.

17 ②

첫 문단 마지막에 '그렇다면 윤리적 채식주의 관점에서 볼 때, 육식의 윤리적 문제점은 무엇인가?'라는 문장을 통해 앞을 말하고자 하는 중심 내용을 밝히고 있다.

18 ④

생태론적 관점은 지구의 모든 생명체들이 서로 유기적으로 연결되어 존재한다고 보는 입장이다. 따라서 하나의 유기체로서 지구 생명체에 대한 유익성 여부를 도덕성 판단 기준으로 보아야 하므로, 생태론적 관점을 지닌 사람들은 바이오 연료를 유해한 것으로 판단할 것이다.

19 ①

금요일에는 제육덮밥이 편성된다. 목요일에는 오므라이스를 편성할 수 없고, 다섯 번째 조건에 의해 나물 비빔밥도 편성할 수 없다. 따라서 목요일에는 돈가스 정식 또는 크림 파스타가 편성되어야 한다. 마지막 조건과 두 번째 조건에 의해 돈가스 정식은 월요일, 목요일에도 편성할 수 없으므로 돈가스 정식은 화요일에 편성된다. 따라서 목요일에는 크림 파스타, 월요일에는 나물 비빔밥이 편성된다.

20 ④

'안정적 자금 공급'이 자사의 강점이기 때문에 '안정적인 자금 확보를 위한 자본구조 개선'는 향후 해결해야 할 과제에 속하지 않는다.

21 ③

① A지역의 전체 면적은 2010년부터 2014년까지 지속적으로 증가한 것이 아니라 2012년 2.78㎢에서 약 2.69㎢로 감소하였다.

② 삼림 면적은 2010년에 A지역 전체 면적의 25% 미만에서 2014년에는 55% 이상으로 증가하였지만 토지유형 중 증가율이 가장 높은 것은 훼손지이다.

④ 2010년 나지 면적은 전체 면적의 30% 이상을 차지하였고 점차 감소하는 경향을 보이나 2012년에는 증가하였다.

22 ②

㉠ 습도가 70%일 때 연간소비전력량은 790으로 A가 가장 적다.

㉡ 60%와 70%를 많은 순서대로 나열하면 60%일 때 D-E-B-C-A, 70%일 때 E-D-B-C-A이다.

㉢ 40%일 때 E=660, 50%일 때 B=640이다.

㉣ 40%일 때의 값에 1.5배를 구하여 80%와 비교해 보면 E는 1.5배 이하가 된다.

A=550×1.5=825		840
B=560×1.5=840		890
C=580×1.5=870		880
D=600×1.5=900		950
E=660×1.5=990		970

23 ④

2017년 강도와 살인의 발생건수 합은

$5,753+132=5,885$ 건으로 4대 범죄 발생건수의 26.4%

$\left(\dfrac{5,885}{22,310}\times100=26.37\right)$ 를 차지하고 검거건수의 합은

$5,481+122=5,603$ 건으로 4대 범죄 검거건수의

$28.3\%\left(\dfrac{5,603}{19,771}\times100=28.3\right)$ 를 차지한다.

① 2014년 인구 10만 명당 발생건수는

$\dfrac{18,258}{49,346}\times100=36.99≒37$ 이므로 매년 증가한다.

② 발생건수와 검거건수가 가장 적게 증가한 연도는 2016년으로 동일하다. 발생건수 증가율은 2015년 6.8%, 2016년 0.9%, 2017년 13.4%, 검거건수 증가율은 2015년 1.73%, 2016년 1.38%, 2017년 18.9%이다.

③ 2017년 발생건수 대비 검거건수 비율이 가장 낮은 범죄유형의 발생건수는 강도 95%, 살인 92%, 정도 85%, 방화 99%에서 절도이다. 2017년 4대 범죄 유형별 발생건수 총 22,310건이고 60%는 13,386건이 된다. 절도의 발생건수는 14,778건이므로 60%가 넘는다.

24 ④

금리가 지속적으로 하락하면 대출시 고정 금리보다 변동 금리를 선택하는 것이 유리하다.

㉠㉡ 요구불 예금의 금리와 예대 마진은 지속적으로 증가하지 않는다.

25 ④

구분	인문·사회	자연·공학	전체
A 대학교	2,350 (약 42.0%)	3,241 (약 58.0%)	5,591
B 대학교	2,240 (약 55.7%)	1,783 (약 44.3%)	4,023
C 대학교	3,478 (약 44.8%)	4,282 (약 55.2%)	7,760
D 대학교	773 (약 62.8%)	458 (약 37.2%)	1,231
E 대학교	1,484 (약 47.4%)	1,644 (약 52.6%)	3,128

구분	수시전형			정시전형			정시 기준 수시 정원
	인문·사회	자연·공학	소계	인문·사회	자연·공학	소계	
A 대학교	1,175	1,652	2,827	1,175	1,589	2,764	+63
B 대학교	536	402	938	1,704	1,381	3,085	−2,147
C 대학교	2,331	2,840	5,171	1,147	1,442	2,589	+2,582
D 대학교	319	215	534	454	243	697	−163
E 대학교	725	746	1,471	759	898	1,657	−186

㉠ 전체 신입생 정원에서 인문·사회 계열 정원의 비율이 가장 높은 대학교는 D 대학교이다.

㉢ 수시전형으로 선발하는 신입생 정원이 정시전형으로 선발하는 신입생 정원보다 많은 대학교는 A 대학교와 C 대학교이다.

26 ①

$$x = 667.6 - (568.9 + 62.6 + 22.1) = 14.0$$

27 ④

① 2007년 : $\dfrac{591.4 - 575.3}{575.3} \times 100 ≒ 2.8(\%)$

② 2008년 : $\dfrac{605.4 - 591.4}{591.4} \times 100 ≒ 2.4(\%)$

③ 2009년 : $\dfrac{609.2 - 605.4}{605.4} \times 100 ≒ 0.6(\%)$

④ 2010년 : $\dfrac{667.8 - 609.2}{609.2} \times 100 ≒ 9.6(\%)$

28 ④

A국은 1차 산업의 비중이 높고, B국은 선진국형, C국은 중진국형, D국은 후진국형 산업 구조이다. 따라서 B국은 C국보다 산업 구조의 고도화가 더 진행되었다.

29 ②

을은 뒷면을 가공한 이후 갑의 앞면 가공이 끝날 때까지 5분을 기다려야 한다.

뒷면 가공 15분 → 5분 기다림 → 앞면 가공 20분 → 조립 5분

총 45분이 걸리고, 유휴 시간은 기다린 시간인 5분이 된다.

30 ④

완성품 납품 개수는 30+20+30+20으로 총 100개이다.

완성품 1개당 부품 A는 10개가 필요하므로 총 1,000개가 필요하고, B는 300개, C는 500개가 필요하다.

이때 각 부품의 재고 수량에서 부품 A는 500개를 가지고 있으므로 필요한 1,000개에서 가지고 있는 500개를 빼면 500개의 부품을 주문해야 한다.

부품 B는 120개를 가지고 있으므로 필요한 300개에서 가지고 있는 120개를 빼면 180개를 주문해야 하며, 부품 C는 250개를 가지고 있으므로 필요한 500개에서 가지고 있는 250개를 빼면 250개를 주문해야 한다.

31 ③

시장 가격이 55달러일 때, A기업은 시장 가격보다 생산 비용이 낮은 1광구와 2광구에서 원유를 생산하게 되어 1일 70만 배럴을 생산하게 된다. 시장 가격이 65달러로 상승하면, 3광구에서도 생산을 할 수 있게 되어 총 원유의 공급량은 30만 배럴이 증가하게 된다.

① 3개 광구의 생산 비용보다 시장 가격이 더 낮으므로 어느 광구에서도 원유를 생산하지 않게 된다.

② 1광구와 2광구에서만 생산하게 되어 총 공급량은 70만 배럴이 된다.

④ 생산 비용이 적은 1광구부터 생산을 할 것이므로 70만 배럴을 생산할 경우의 시장 가격은 적어도 50달러 이상인 경우여야 한다.

32 ④

4개를 구입할 경우와 7개를 구입할 경우 각 쇼핑몰의 비용을 계산해 보면 다음과 같다.

쇼핑몰	4개	7개
A	12만 원+1만 원 −1만 원=12만 원	21만 원+1만 원 −1만 원=21만 원
B	12만 원+1만 원 −1만 원=12만 원	21만 원−2만 원 +1만 원=20만 원
C	12만 원+1만 원=13만 원	21만 원/8개 구 입→18.375만 원/7개 따라서 배송료 포함 19.375만 원
D	12만 원×0.9=10.8만 원, +1만 원=11.8만 원	21만 원×0.9=18.9만 원, +1만 원=19.9만 원

따라서 4개 구입할 경우는 D쇼핑몰이, 7개 구입할 경우는 C쇼핑몰이 가장 저렴한 비용임을 알 수 있다.

33 ③

재고 수량에 따라 완성품을 A 부품으로는 $100 \div 2 = 50$개, B 부품으로는 $300 \div 3 = 100$개, C 부품으로는 $2,000 \div 20 = 100$개, D 부품으로는 $150 \div 1 = 150$개까지 만들 수 있다.

완성품은 A, B, C, D가 모두 조립되어야 하므로 50개만 만들 수 있다.

완성품 1개당 소요 비용은 완성품 1개당 소요량과 단가의 곱으로 구하면 되므로 A 부품 $2 \times 50 = 100$원, B 부품 $3 \times 100 = 300$원, C 부품 $20 \times 10 = 200$원, D 부품 $1 \times 400 = 400$원이다.

이를 모두 합하면 $100 + 300 + 200 + 400 = 1,000$원이 된다.

34 ④

각 도시별 자동차 대수를 구해보면 자동차 대수의 단위가 1,000명이므로 10을 곱하여 만 명당 대수로 변환하게 계산을 하면 된다.

A : $70 \times 1,500 = 105,000$

B : $50 \times 4,500 = 225,000$

C : $40 \times 3,000 = 120,000$

D : $50 \times 5,000 = 250,000$

35 ③

㉠ 출고가 대비 공시지원금의 비율을 계산해 보면

• A= $\frac{210,000}{858,000} \times 100 = 24.48\%$

• B= $\frac{230,000}{900,000} \times 100 = 25.56\%$

• C= $\frac{150,000}{780,000} \times 100 = 19.23\%$

• D= $\frac{190,000}{990,000} \times 100 = 19.19\%$

그러므로 '병'과 '정'은 C아니면 D가 된다.

㉡ 공시지원금을 선택하는 경우 월 납부액보다 요금할인을 선택하는 경우 월 납부액이 더 큰 스마트폰은 '갑'이다.
A와 B를 비교해보면

• A
−공시지원금
$$= \frac{858,000 - (210,000 \times 1.1)}{24} + 51,000 = 77,120원$$
−요금할인= $51,000 \times 0.8 + \frac{858,000}{24} = 76,550원$

• B
−공시지원금
$$= \frac{900,000 - (230,000 \times 1.1)}{24} + 51,000 = 77,750원$$
−요금할인= $51,000 \times 0.8 + \frac{900,000}{24} = 78,300원$

B가 '갑'이 된다.

㉢ 공시지원금을 선택하는 경우 월 기기값이 가장 작은 스마트폰 기종은 '정'이다.
C와 D를 비교해 보면

• C= $\frac{780,000 - (150,000 \times 1.1)}{24} = 25,620원$

• D= $\frac{990,000 - (190,000 \times 1.1)}{24} = 32,540원$

C가 '정'이 된다.
그러므로 A=을, B=갑, C=정, D=병이 된다.

36 ②

㉠ 나무펜션 : $70,000 \times 2 \times 0.9 = 126,000$

㉡ 그늘펜션 : $(60,000 + 10,000) \times 2 \times 0.8 = 112,000$

㉢ 푸른펜션 : $80,000 + (80,000 \times 0.85) = 148,000$

㉣ 구름펜션 : $(55,000 + 10,000) \times 2 = 130,000$

37 ④

④ 영화 관람을 위해 지불한 6,000원은 회수할 수 없는 매몰비용이다.

※ 매몰비용과 한계비용
  ㉠ 매몰비용 : 이미 매몰되어 다시 되돌릴 수 없는 비용으로 의사결정을 하고 실행한 후에 발생하는 비용 중 회수할 수 없는 비용을 말한다.
  ㉡ 한계비용 : 생산물 한 단위를 추가로 생산할 때 필요한 총 비용의 증가분을 말한다.

38 ③

사원별로 성과상여금을 계산해보면 다음과 같다.

사원	평점 합	순위	산정금액
수현	25	2	200만원×150%=300만원
이현	21	6	500만원×80%=400만원
서현	22	5	200만원×100%=200만원
진현	24	3	500만원×120%=600만원
준현	23	4	400만원×130%=520만원
지현	26	1	200만원×150%=300만원

성과상여금을 두 번째로 많이 받은 사원은 준현으로 520만 원이다.

39 ③

서류봉투의 재고는 1장으로 가장 적게 남아있다.

40 ②

② $(18,000 \times 2) + (2,500 \times 2) = 41,000$원

41 ④

임직원행동강령에서는 '그 밖에 지역관할 행동강령책임관이 공정한 직무수행이 어려운 관계에 있다고 정한 자가 직무관련자인 경우'라고 규정하고 있으므로 지역관할 행동강령책임관의 판단으로 결정할 수 있다.

① 이전 직장 퇴직 후 2년이 경과하지 않으면 직무관련성이 남아 있는 것으로 간주한다.

② '지역관할 행동강령책임관이 그 권한의 범위에서 그 임직원의 직무를 일시적으로 재배정할 수 있는 경우에는 그 직무를 재배정하고 본사 행동강령책임관에게 보고하지 아니할 수 있다.'고 규정하고 있다.

③ 규정되어 있는 '사적인 접촉'은 어떠한 경우에도 사전에 보고되어야 하며, 보고받는 자가 부재 시에는 사후에 반드시 보고하도록 규정하고 있다.

42 ④

경영전략을 수립하고 각종 경영정보를 수집/분석하는 업무를 하는 기획팀에서 요구되는 자질은 재무/회계/경제/경영 지식, 창의력, 분석력, 전략적 사고 등이다.

43 ④

부사장 직속은 4개의 본부와 1개의 부문으로 구성되어 있다.

44 ②

합리적인 인사관리의 원칙

㉠ **적재적소 배치의 원리** : 해당 직무 수행에 가장 적합한 인재를 배치

㉡ **공정 보상의 원칙** : 근로자의 인권을 존중하고 공헌도에 따라 노동의 대가를 공정하게 지급

㉢ **공정 인사의 원칙** : 직무 배당, 승진, 상벌, 근무 성적의 평가, 임금 등을 공정하게 처리

㉣ **종업원 안정의 원칙** : 직장에서의 신분 보장, 계속해서 근무할 수 있다는 믿음으로 근로자의 안정된 회사 생활 보장

㉤ **창의력 계발의 원칙** : 근로자가 창의력을 발휘할 수 있도록 새로운 제안·건의 등의 기회를 마련하고 적절한 보상을 지급

㉥ **단결의 원칙** : 직장 내에서 구성원들이 소외감을 갖지 않도록 배려하고, 서로 협동·단결할 수 있도록 유지

45 ④

송상현 사원의 1/4분기 복지 지원 사유는 장모상이었다. 이는 본인/가족의 경조사에 포함되므로 경조사 지원에 포함되어야 한다.

46 ①

레드오션은 경쟁을 목표로 하고, 존재하는 소비자와 현존하는 시장에 초점(시장경쟁전략)을 맞춘 반면, 블루오션은 비고객에게 초점(시장창조전략)을 맞추고 새로운 수요를 창출하고자 한다.

47 ③

조직 내 집단은 공식적인 집단과 비공식적인 집단으로 구분할 수 있다. 공식적인 집단은 조직의 공식적인 목표를 추구하기 위해 조직에서 의도적으로 만든 집단이다. 반면에, 비공식적인 집단은 조직구성원들의 요구에 따라 자발적으로 형성된 집단이다. 이는 공식적인 업무수행 이외에 다양한 요구들에 의해 이루어진다.

48 ①

조직문화의 7가지 구성요소는 공유가치, 리더십 스타일, 구조, 관리 기술, 전략, 제도 및 절차, 구성원이며 예산은 조직문화 구성요소에 포함되지 않는다.

② 이 밖에도 조직문화는 구성원의 몰입도를 향상시키고 조직의 안정성을 유지시켜 주는 기능도 포함한다.

③ 관리적 조직문화, 과업지향적 조직문화 등과 함께 관계지향적 조직문화, 유연한 조직문화 등이 있다.

49 ②

② '결재권자는 업무의 내용에 따라 이를 위임하여 전결하게 할 수 있다'고 규정되어 있으나, 동시에 '이에 대한 세부사항은 따로 규정으로 정한다.'고 명시되어 있다. 따라서 여건에 따라 상황에 맞는 전결권자를 지정한다는 것은 규정에 부합하는 행위로 볼 수 없다.

50 ③

③ 결재 문서가 아니라도 처리과의 장이 중요하다고 인정하는 문서는 문서등록대장에 등록되어야 한다고 규정하고 있으므로 신 과장의 지침은 적절하다고 할 수 있다.

① 같은 날짜에 결재된 문서인 경우 조직 내부 원칙에 의해 문서별 우선순위 번호를 부여해야 한다.

② 중요성 여부와 관계없이 내부 결재 문서에는 모두 '내부결재' 표시를 하도록 규정하고 있다.

④ 보고서에는 별도의 보존기간 기재란이 없으므로 문서의 표지 왼쪽 위의 여백에 기재란을 마련하라고 규정되어 있으나, 기안 문서에는 문서 양식 자체에 보존기간을 기재하는 것이 일반적이므로 D 사원의 판단은 옳지 않다.

51 ④

영어의 경우에는 대소문자를 명확히 구분해서 표기해야 한다.

52 ④

단기 일자리를 제공하는 임시 고용형태는 육아와 일, 학업과 일을 병행하거나 정규직을 찾지 못한 사람 등이 주축이 되는 경우가 많으며, 제대로 운용할 경우 적절한 직업으로 거듭날 수도 있는 방식이다. 따라서 이런 임시 고용형태 자체를 무조건 비판하고 부정하는 것은 적절하지 않다.

④ 성추행과 성차별이 횡행했던 조직이라면, 채용된 직원에 대한 올바른 조직문화와 기업윤리를 교육하지 않고 실력에만 의존하여 무분별한 행위를 일삼는 근무태도를 문제 삼지 않았을 것이라고 판단할 수 있다.

53 ①

정직이 신뢰를 형성하는 충분한 조건은 아니다. 신뢰를 얻기 위해서는 정직 이외에도 약속을 잘 지키거나 필요능력을 갖춰야 하는 등의 다른 필요사항도 있어야 하겠지만 정직이 신뢰를 위해서는 빠질 수 없는 요소인 것만은 틀림없다. 정직은 사람과 사람이 협력하는데 필요한 가장 기본적인 규범이기 때문에 "거짓말 하는 사람은 정상적인 대우를 하지 않는다."라는 사회적 인식과 믿음을 굳혀야 한다.

또한, 조직의 리더가 조직 구성원에게 원하는 첫째 요건이 바로 성실성이라고 한다. 즉, 성실은 조직생활에서 가장 큰 무기가 될 수 있는 것이다.

54 ②

전화걸기

• 전화를 걸기 전에 먼저 준비를 한다. 정보를 얻기 위해 전화를 하는 경우라면 얻고자 하는 내용을 미리 메모하도록 한다.

• 전화를 건 이유를 숙지하고 이와 관련하여 대화를 나눌 수 있도록 준비한다.

• 전화는 정상적인 업무가 이루어지고 있는 근무 시간에 걸도록 한다.

• 당신이 통화를 원하는 상대와 통화할 수 없을 경우에 대비하여 비서나 다른 사람에게 메시지를 남길 수 있도록 준비한다.

• 전화는 직접 걸도록 한다.

• 전화를 해달라는 메시지를 받았다면 가능한 한 48시간 안에 답해주도록 한다.

55 ②

소매가 넓은 예복을 입었을 시에는 공수한 팔의 소매 자락이 수평이 되게 올리고 평상복을 입었을 때는 공수한 손의 엄지가 배꼽 부위 위에 닿도록 자연스럽게 앞으로 내린다.

56 ④

성 예절을 지키기 위한 자세 … 직장에서 여성의 특징을 살린 한정된 업무를 담당하던 과거와는 달리 여성과 남성이 대등한 동반자 관계로 동등한 역할과 능력발휘를 한다는 인식을 가질 필요가 있다.

㉠ 직장 내에서 여성이 남성과 동등한 지위를 보장받기 위해서 그만한 책임과 역할을 다해야 하며, 조직은 그에 상응하는 여건을 조성해야 한다.

㉡ 성희롱 문제를 사전에 예방하고 효과적으로 처리하는 방안이 필요한 것이다.

ⓒ 남성 위주의 가부장적 문화와 성역할에 대한 과거의 잘못된 인식을 타파하고 남녀공존의 직장문화를 정착하는 노력이 필요하다.

57 ④

부당 해고나 비윤리적 일자리 축소 등의 행위는 윤리경영에 어긋난다고 볼 수 있으나 기업이 비용 절감을 위하여 조직구조를 개편하는 노력은 정상적인 경영의 일환으로 보아야 한다.

부정 청탁, 세금 회피, 품질을 담보로 한 수익구조 유지, 임직원 간 막대한 임금 격차 등은 모두 바람직한 윤리경영 행위라고 볼 수 없다.

58 ②

주어진 글은 봉사(서비스) 중에서도 '고객접점서비스'에 관한 설명이다. 고객접점서비스란 고객과 서비스 요원 사이의 15초 동안의 짧은 순간에서 이루어지는 서비스로서 이 순간은 진실의 순간(MOT: moment of truth) 또는 결정적 순간이다. 이 15초 동안에 고객접점에 있는 최일선 서비스 요원이 책임과 권한을 가지고 우리 회사를 선택한 것이 가장 좋은 선택이었다는 사실을 고객에게 입증시켜야 한다는 것이다. 따라서 고객이 서비스 상품을 구매하기 위해서는 입구에 들어올 때부터 나갈 때까지 여러 서비스요원과 몇 번의 짧은 순간을 경험하게 되는데 그때마다 서비스요원은 모든 역량을 동원하여 고객을 만족시켜주어야 하는 것이다.

59 ①

각자가 말한 직업관은 다음과 같은 의미로 해석할 수 있다.
• **소명의식** : 자신이 맡은 일은 하늘에 의해 맡겨진 일이라고 생각하는 태도
• **천직의식** : 자신의 일이 자신의 능력과 적성에 꼭 맞는다 여기고 그 일에 열성을 가지고 성실히 임하는 태도
• **직분의식** : 자신이 하고 있는 일이 사회나 기업을 위해 중요한 역할을 하고 있다고 믿고 자신의 활동을 수행하는 태도
• **전문가의식** : 자신의 일이 누구나 할 수 있는 것이 아니라 해당 분야의 지식과 교육을 밑바탕으로 성실히 수행해야만 가능한 것이라 믿고 수행하는 태도

60 ③

직업윤리와 개인윤리가 충돌하는 상황이며, 이러한 경우 직업윤리를 우선시하는 것이 바람직하다. 선택지 ④의 경우는 책임감 있는 태도라고 볼 수 없다.

✏ **종합직무지식평가**

1 ④

감염체가 체내로 들어오면 수지상세포와 대식세포의 작용으로 항원을 림프절로 이동시켜 면역반응을 주관하는데, 오른쪽 대음순이 감염된 경우 항원은 얕은고샅림프절로 이동한다.

2 ②

간실질의 손상, 간세포의 재생결절 형성 등과 같은 변화는 문맥 순환계를 통해 간으로 전달되어야 하는 정맥의 순환이 원활히 일어나지 않게 한다. 즉, 간으로만 연결되고 곁순환이 없는 지라정맥의 경우 문맥 순환이 저해될 경우 혈압이 증가할 수 있다.

3 ③

① 1경추를 환추라 한다.
② 7경추에는 횡돌기가 존재한다.
④ 요추는 5개의 추골로 이루어져 있다.
⑤ 척주는 옆에서 바라볼 때 굽어져 있으며 이를 척주의 만곡이라고 한다.

4 ④

흡기에 작용하는 주요 근육들은 가로막, 목갈비근, 갈비사이근, 위뒤톱니근이다. 호기는 정적 호기와 강제적 호기로 구분되며 배근육, 가슴가로근, 속갈비사이근이 포함된다.

5 ①

① 팔꿉관절의 굽힘은 피부의 겹쳐짐이 발생하여 근육피부신경의 손상에 영향을 준다.

6 ②

머리 회전에 따른 평형감각은 반고리관에 의해 감지된다.

7 ⑤

⑤ 위턱신경은 원형구멍을 통과한다. 속귀길을 통과하는 구조물로는 속귀신경, 얼굴신경이 있다.

8 ④

췌장은 다른 장기들과 달리 벽쪽복막으로만 덮여 있다.

9 ③

빈칸의 들어갈 말은 효소이다. 효소란 생체 내에서 촉매로 작용하는 물질분자이다. 소화 작용은 인간의 몸속에서 일어나는 효소와 기질의 반응과 관련된 대표적인 예이다.
① 펩타이드는 단백질의 일종이다.
② 보통 스테로이드라고 할 때는 코르티솔의 부신 겉질 호르몬제, 즉 당질 대사를 하고 의료에 사용되고 있는 호르몬제를 가리킨다.
④ 기질이란 효소가 촉매시키는 특정한 반응 분자나 분자 그룹을 말한다.

10 ①

① 흡기량은 정상 호흡에서 최대한 흡입할 수 있는 양을 말한다. 1회 호흡량(TV)과 흡기예비용적(IRV)의 합이다.

11 ①

땀 분비가 증가되면 땀이 증발하면서 열을 빼앗아가게 된다.
② 땀 분비를 감소시키기 위한 반응
③, ⑤ 체온을 높이는 작용
④ 열 손실을 줄이기 위한 반응

12 ①

ⓒ 운동강도의 증가로 체온이 증가하면 무산소성대사를 이용하게 되고 헤모글로빈의 산소포화도는 떨어지게 된다.
ⓜ 카르바미노는 헤모글로빈과 이산화탄소가 반응하여 생기는 화합물이다. 산소와 결합하지 않은 헤모글로빈은 산소헤모글로빈보다도 카르바미노헤모글로빈을 만들기 쉬워서 일반적으로 정맥혈이 동맥혈보다 많은 이산화탄소를 포함할 수 있고 이산화탄소 운반에도 유용하다.

13 ②

수축기압에 비해 이완기압이 감소하고 심실 이완기에 심잡음이 들리면 대동맥 역류를 의심할 수 있는데, 대동맥 역류는 대동맥 판막 부전으로 발생할 수 있다.

14 ③

근섬유 안에 근세포를 둘러싸고 있는 근초 위에 위치하고 있는 그룹을 위성세포라 한다. 위성세포는 분화하지 않은 세포로서 근육의 성장과 근손상 부위 치유에 중요한 역할을 한다. 근육이 손상되었을 때 위성세포는 분열하여 근육의 재생을 가능하게 한다.

15 ②

② 이중결합의 개수가 적을수록 물에 대한 용해도가 감소한다.

16 ①

포도당은 해당과정을 통해 피루브산이 되고 아세틸 CoA로 전환되어 지방산 합성에 사용되는 미토콘드리아 아세틸 CoA의 원료로 사용된다.

17 ④

메탄올은 간에 있는 알코올 탈수소효소의 작용에 의해 포름알데히드로 변환해 신체의 많은 조직을 손상시킨다. 이때 에탄올을 정맥주사하면 메탄올과 경쟁하며 아세트알데히드로 변환되고 포름알데히드의 변환을 지연시켜 메탄올을 소변으로 배출시키게 된다.

18 ④

급성 췌장염의 경우 장음이 감소하는 증상을 보인다.

19 ③

만성 골수성 백혈병은 9번 염색체와 22번 염색체 사이의 전위에 의해 발생한다.

20 ⑤

뉴클레오시드는 염기와 당이 N-글리코시드결합으로 결합된 화합물이다. 이때 결합하는 염기에는 아데닌, 구아닌, 사이토신, 티아민, 유라실 등이 있다.
⑤ 인산은 뉴클레오시드와 결합해 뉴클레오티드를 형성한다.

21 ④

제시된 내용은 리소좀에 대한 설명이다.

22 ⑤

폐선암종은 선(샘, gland)을 만드는 악성 상피종양으로 비소세포폐암의 대부분을 차지한다. 소세포폐암과 달리 흡연과 연관성이 없으며 가장 대표적인 원인은 EGFR 유전자의 이상이다.

23 ③

식습관과 증세로 미루어 보아 통풍을 의심할 수 있다. 통풍은 요산이 체내에 비정상적으로 축적되어 나타나는 염증성 질환이다. 혈중농도가 높아진 요산은 결정을 형성하여 관절이나 신장 등에 침착되어 증상을 유발한다.

24 ⑤

과다형성은 세포의 수가 증가해 조직의 부피도 증가하는 현상이다. 약물을 장기간 복용할 경우 간세포의 해독기능이 증가하여 용량을 증가시켜야 하므로 과다형성과 가장 관련된다.

25 ⑤

전이, 침범, 유사분열, 다형태성은 악성 종양의 특징이다.

26 ④

급성 심근경색으로 심장기능이 저하되면 폐부종을 일으킨다.

27 ④

항암치료에 이용되는 bleomycin은 폐섬유화를 유발하고, 부정맥 치료제인 amiodarone은 폐에 농축되어 폐렴을 유발할 수 있다.

28 ⑤

정상적인 월경 출혈은 계획에 의해 조절되는 세포의 죽음인 세포자멸사이다.

29 ⑤

⑤ 감염 증상이 사라지더라도 환자에게서 2~4주는 바이러스가 방출되며 감염을 억제할 수 있는 면역은 오랫동안 유지되지 못한다.

30 ②

카포시육종을 일으키는 바이러스는 사람 헤르페스 바이러스 8이다. AIDS 환자나 면역력 저하자에게 취약하다.

31 ③

플라비 바이러스(속)의 대부분은 모기 또는 진드기에서 증식하여 경란전파하는 것으로 알려져 있다. 기준종은 황열 바이러스이고 이 밖에 일본뇌염 바이러스, 세인트루이스 바이러스, 진드기매개성 뇌염바이러스, 뎅기열 바이러스 등의 바이러스가 있다.

32 ⑤

① A형 간염은 중증도가 약하다.
② B형 간염은 만성 간염으로 보균자가 많다.
③ B형 간염의 검사실 진단은 HBsAg, HBeAg, aanti HBc IgM의 혈중농도를 측정한다. anti HCV의 혈중농도를 측정하는 것은 C형 간염이다.
④ 만성 C형 간염은 감염이 6개월 이상 지속되는 간의 염증성 질환이다.

33 ③

③ 고무종은 3기 매독에서 나타난다. 고무종은 대부분 괴사로 진행되며 흉터를 남긴다.

34 ⑤

대상포진은 피로와 발열로 시작하여 피부나 점막에 통증이 있는 수포가 나타난다.

35 ④

④ 림프절은 2차 면역기관에 해당한다.

36 ①

① 회충은 크기가 커 눈에 잘 뜨이고 가장 오래된 장 내 기생충이다.

37 ①
② **연장숙주** : 기생충이 특별히 성장하는 데 기여하지 않고 단지 최종 숙주에 도달하기 전에 어떤 시기를 연장하는 데에 기여하는 숙주
③ **우연숙주** : 보통은 특별한 기생충에 감염되는 종이 아니나 우연히 그 기생충에 감염되어 있는 종
④ **운반숙주** : 종숙주에 도달하지 못한 기생충을 죽이지 않게 보존하여 주거나, 종숙주에게 감염될 수 있도록 이동하는 역할을 하는 숙주
⑤ **중간숙주** : 기생충이 성숙하기까지 몇 단계의 숙주를 거칠 때 마지막 숙주 이외의 모든 숙주

38 ⑤
톡소포자충의 종숙주는 고양이다. 인체감염은 고양이 분변을 통한 직접적인 난포낭의 도입과 톡소포자충에 감염되어 있는 날고기, 계란, 우유 등의 섭취를 통해 이루어진다.

39 ①
제시된 내용은 아프리카 수면병에 대한 설명이다.

40 ①
회충의 치료는 알벤다졸 400mg 1회 투여한다.

41 ④
국내에 분포하는 유일한 인체감염 사상충은 말레이사상충이다. 과거 제주도, 흑산도 등 서남해의 섬과 해안지방 일부에 유행지가 있었고, 경북내륙에서도 유행한 적이 있었지만 현재는 감염자를 찾기 어렵다.

42 ⑤
⑤ 요코가와흡충의 치료는 프라지퀀텔을 1회 투여한다.

43 ④
집먼지진드기는 집 안 구석이나 침구, 소파, 카펫 등에 살며 피부염 및 알레르기성 질환의 원인이 된다.

44 ②
① 산업재해보상보험법 제6장 심사청구 및 재심사청구
③ 고용보험법 제7장 심사 및 재심사청구
④ 국민연금법 제7장 심사청구와 재심사청구

45 ⑤
제시된 내용 모두 해당한다.
※ **공단의 업무**〈「국민연금법」제25조〉
  1. 가입자에 대한 기록의 관리 및 유지
  2. 연금보험료의 부과
  3. 급여의 결정 및 지급
  4. 가입자, 가입자였던 자, 수급권자 및 수급자를 위한 자금의 대여와 복지시설의 설치·운영 등 복지사업
  5. 가입자 및 가입자였던 자에 대한 기금증식을 위한 자금 대여사업
  6. 제6조의 가입 대상과 수급권자 등을 위한 노후준비서비스 사업
  7. 국민연금제도·재정계산·기금운용에 관한 조사연구
  8. 국민연금기금 운용 전문인력 양성
  9. 국민연금에 관한 국제협력
  10. 그 밖에 이 법 또는 다른 법령에 따라 위탁받은 사항
  11. 그 밖에 국민연금사업에 관하여 보건복지부장관이 위탁하는 사항

46 ②
② 공적연금 중 가장 먼저 시행된 것은 1960년에 제정·시행된 공무원연금이다. 군인연금은 1963년에 제정·시행되었다.
※ **4대 공적연금** … 국민연금, 군인연금, 공무원연금, 사학연금

47 ①
② 공공부조는 보험료의 부담능력이 없는 생활무능력자를 대상으로 한다.
③ 사회보험은 강제가입, 능력별 부담, 근로의욕 고취 등의 특성을 보인다.
④ 사회보험은 피보험자나 기업주 또는 국가에서 비용을 부담하고, 공공부조는 국가에서 전액 부담한다.
⑤ 국민연금은 사회보험에 해당한다.

48 ④
④ 공적연금제도는 재정조달 방식이 부과방식일 경우 현재의 노령세대는 근로세대로부터, 현재의 근로세대는 미래세대로부터 소득이 재분배되기 때문에 세대 간 재분배라고 볼 수 있다.

49 ⑤

취업촉진수당의 종류〈고용보험법 제37조 제2항〉

㉠ 조기(早期)재취업 수당

㉡ 직업능력개발 수당

㉢ 광역 구직활동비

㉣ 이주비

50 ③

㉠ 연금은 소득상실의 위험에 대한 소득보장이고, 특히 장기소득보장을 부여하는 사회보험의 일종으로 단기성은 연금제도의 특성으로 볼 수 없다.

㉣ 사회보험은 보험료의 강제적 징수와 정형화된 보험금의 지급을 그 특징으로 하기 때문에 자율성과는 거리가 있다.